改訂 国民の財産 消防団

― 世界に類を見ない地域防災組織 ―

後藤一蔵

KSS 近代消防新書 002

近代消防社 刊

まえがき

消防団はピンチ

「消防団ピンチ／低報酬　厳しい訓練　志望者激減」「有事にどうする！　地域の守り『消防団』が大ピンチ」「消防団消えては火は消せぬ!?」などの見出し記事が、最近、紙面を飾ることがしばしば見られます。

これらの記事は、消防団の存続維持が厳しいことを物語っています。

数年前、ある会合で、20代後半の青年から「消防団って、今でもあるんですか？」と聞かれたとき、私は愕然としました。平成7年1月17日の阪神・淡路大震災からちょうど10年目のときのことです。

消防団が例年、決まってマスコミに取り上げられるのは、正月に行われる出初式（はしご乗り）や、各地で行われている伝統的な火防祭りのときです。主役は法被（はっぴ）を身にまとった消防団員ですが、それらはあくまでも伝統行事を継承・維持する集団であって、今日の地域防災にとって重要な役割を担っている存在であるということは、意識されなくなってしまったのかという思いさえします。

平成21年4月1日現在、全国における消防団員数は88万5394人。消防団の存在は確認できても消防団員の活動は、地域住民に目に見える形で入っていないというのが現実なのかもしれません。

「消防団を知っていた」、およそ30%

平成21年11月12日、東北福祉大学で「みやぎ消防出前講座」が開催されました。その講座を受講した学生98名を対象として実施されたアンケート調査（有効回答94名）の結果は、私の想像とはあまりにも違うことにびっくりしました。

「消防団のことをどのくらい知っていましたか」という設問の結果は、図表-1です。

回答のうち、消防団について「知っていた」と「ある程度知っていた」を合わせても約3割程度でした。学生にとって、消防団はかなり遠い存在であるという事がうかがえます。他方、大学生活を通じて、長短の違いはあるにしても、かなりの学生は何らかのボランティア活動を経験していると思われます。そのため日常会話でもボランティアという言葉がしばしば登場します。消防団に対する認識と

図表-1　消防団のことをどのくらい知っていましたか

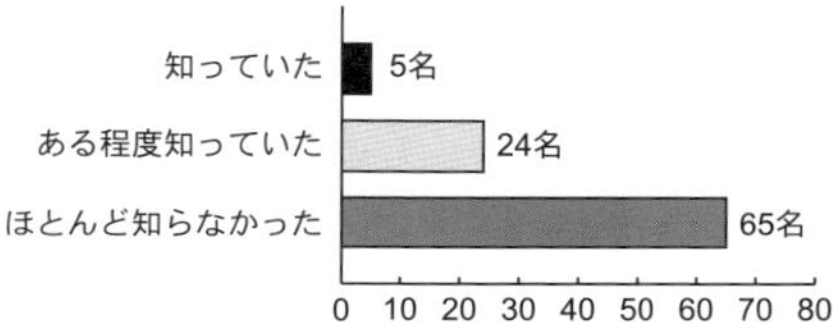

『みやぎ消防出前講座アンケート』より作成

図表-2　消防団に入団したいと思いましたか

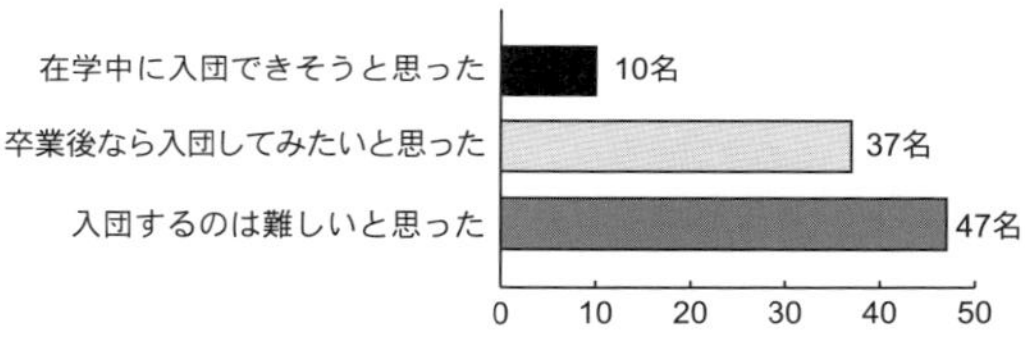

『みやぎ消防出前講座アンケート』より作成

の違いは明白です。
次に、「消防団に入団したいと思いましたか」という設問の結果は、図表-2です。回答のうち、「入団できそう」と「卒業後なら入団してみたい」の両者を合わせると5割にも達しました。
この二つの結果は、今日、消防団の抱えている問題の一端をよく反映しているようにも思われます。

消防団の現状と課題などの一端を知ってもらうために、埼玉県から就農したKさん（40歳代前半）の話を紹介します。

Kさんは埼玉県での教員生活を切り上げ、かねてからの夢であった農業をするため、岩手県江刺市（現奥州市）に移り住んだのは平成4年。地元農業委員会の仲介で、JR東北本線北上駅から12キロほど離れた広瀬地区に2・1haの土地を取得し、夢に向かってスタートしました。最初の3年間は試行錯誤の連続、頭で描いていたものとは異なり、戸惑うことばかりだったといいます。

平成7年、隣家に住む、当時広瀬地区第9消防分団部長のAさんが訪ねて来られて、「是非とも、消防団に入団してほしい」と熱心に誘われました。地元の人たちとさまざまな機会を通じて交流を深め、できるだけ早く地域社会に溶け込みたいという思いもあり、ふたつ返事で承諾しました。そのときは、消防団と消防署との区別すらわからない状態であったといいます。

広瀬地区では、三世代にわたって、いずれの世代でも消防団員を経験しなかった家はない、といえるほど、消防団は地区住民にとっては通過儀礼としての意味合いが強いものでした。年配の団員の方々からは、以前は、一定の年齢になると、「消防団から誘いが来ないかなあ」と心待ちにする人も少なくなかった、ということも聞かされました。現在は違います。若い人が土地を離れているということもあり、他の地域同様、団員の補充には苦労しています。「消防団を辞めるときは、後継者を見つけてから」という申し合わせはしているものの、申し合わせ通りに事が運んでいないのが実状です。

Kさんは、これまでの消防団員としての活動を次のように振り返ります――。

・消防団は、地域の安全を維持するためには、絶対に必要な組織である。

・地区内約110戸それぞれの事情（家族構成＝高齢者世帯や一人暮らしの老人世帯など、家屋の立地条件など）について、消防団ほど精通している組織は他にはない。これらのきめ細かな情報は、災害発生時に最も有効に活用できる。消防団の情報は、1年に2〜3回程度の巡回訪問によって得られるものとは質の異なる、「リアルタイムの情報」だ。

・人々の動きだけでなく、地区内の地形・地盤や動植物の変化にも敏感になる。それは、数年に1回程度は発生する恐れのある水害や土砂災害の予防対策の重要な情報でもある。災害予知を通じて、人はもちろんのこと農業被害も最小限に食い止めることができる。消防団はまさに、地区住民の日々の暮らしに安定・安心感を与える存在である。

子供の成長とともに、地元のスポーツ少年団指導やＰＴＡ役員をはじめ、Ｋさんは現在では、地区内で十指に余る役職を持っています。それらの組織の中で、消防団には多少なりとも異質なものを感じてきているといいます。

「消防本部からの連絡事項は、部長から直接指示されるだけで、組織や活動について、自分たちで改善すべき点を話し合う機会がほとんどありません。長年にわたって踏襲されてきたやり方の、ある種の合理性は認めますが、消火や防火活動とはかけ離れた訓練など改良すべき点もあると思います。消防団員のなり手がない今こそ、団員が互いに話し合うことによって、いい知恵も生まれてくるはずです」

とＫさんは問題提起し、こう続けます。

「私のように異議を唱える者がいることで、消防団はきっと変わるし、変えることもできると思うのです」

Kさんは、消防団に入団してから既に10年以上が経過しました。分団のこれまでの慣例からすると、一団員としてではなく、「副班長」や「班長」という役回りになってもいいはずですが、Kさんは断り続けています。そして今なお、小隊訓練や消防演習には多少なりとも抵抗を感じています。また、今のままでは消防団はジリ貧になってしまう、という危機感も強く抱いています。

3月と11月の火防点検及び夜間パトロールや年末パトロール、地区で行われるお祭りの警備、水害発生の際の土嚢(どのう)運び、土砂崩れの防止などの活動は、地域住民がこの地域で暮らすためには必要不可欠な活動です。Kさんは、消防団活動はつらいこともちろんあるが、入団してよかったと考えています。

Kさんは最後に、こう言い切りました。

「消防団員として、自分はやり続けたい」

目次

序章　今日の消防団をめぐる状況

1、消防団活動の必要性

衝撃的な予測

平成15年8月3日付の「日本経済新聞」の「Sunday Nikkei」欄に、「消防団消えて」という見出しで消防団の現状を憂える記事が掲載されました。そのなかで、東京都立大（現　首都大学東京）大学院の中林一樹教授（都市科学）は次のように指摘しています。

消防団がないと仮定すると、東京二十三区直下の地震で発生した火災の四割が消し止められないままになる恐れがある。

平成7年1月17日(火)に発生し、死者6434人、家屋の全半壊約25万棟という大災害をもたらした、阪神・淡路大震災の「初動時（覚知）の概要」には、「地震発生とほぼ同時に、118回線ある119受信専用回線がすべて受信状態となった。それ以降も、119番通報は止むことなく鳴り続いた。受信件数は7時までに441件、17日だけで6000件を超えた」（『阪神・淡路大震災における消防活動の記録〈神戸市域〉』）と記述されています。

すなわち、現有の消防力をはるかに超えた災害の発生という状況において、常備消防の対応の限界はすぐに明らか

防火アピール　消防団員の制服と纏
（宮城県石巻市桃生地内）

になりました。

神戸市の消防団員の定数は4000名、消防職員のおよそ3倍を超える数でした。同時多発の大規模災害においては、通常のような災害対応は不可能です。

最も頼りになるのは、災害現場に居合わせた人力です。17日に神戸市内で発生した火災件数は103件、そのほとんどはその日のうちに消火することができました。火災被害を最小限に食い止めることができたのは消防団の存在でした。

災害は特定地域を孤立させる

都市近郊に造成される新興住宅地は、丘陵を切り崩したり埋立地など新たに造成した土地が多いこともあり、地震災害が起これば被害の拡大が予想されます。

試算によれば、災害発生によって孤立化の懸念される地域は全国で1万9000ヵ所にものぼるとされます。また、新興住宅地域は、隣接する地域とは数本の道路で結ばれているケースが多く、土砂災害などによって交通路が遮断される危険度はきわめて高く、孤立化する恐れもある、と指摘されてもいます。

近代都市災害といわれる災害は、市街地に限らず、都市圏の拡大によって造成された新興住宅地も含まれます。大災害の発生時においては、消防職員だけの活動には限界があり、しかも復旧にはかなりの時間を要することは、阪神・淡路大震災を見ても明らかです。

常備消防の拡充は年々進んでいるとはいえ、地域防災力のレベルアップは、消防団との連携がいかに図られるか、という点にかかっています。常備消防職員一人の防災力は、消防団員10～15人分に相当するともいわれますが、阪神・淡路大震災のような同時多発の災害は、想定外であることを忘れてはなりません。

新興住宅地には、その戸数からして新たな消防分団の設立が必要です。が、新しい分団の設立はほとんど見られません。そこに住む比較的若い年齢層の人々にとって、消防団活動をする時間を確保することが難しく、また消防分団内部の人間関係の不安などが加入を躊躇させているものと思われます。

平成16年10月23日(土)午後5時56分ごろ、新潟県中越地方を襲った震度7（北魚沼郡川口町（現小千谷市）で観測）の新潟県中越地震が発生しました。その後、断続的に発生する大きな余震による崖崩れなどで道路が随所で寸断され、孤立化する集落も少なくありませんでした。その最たる事例が、旧山古志村（現長岡市）です。

災害は都市と農村に関係なく、特定地域を孤立させてしまいます。

新潟県中越地震直後の旧山古志村楢木集落
（新潟県長岡市）

2、消防団が直面する厳しい現実

消防団員は二つの顔を持つ

かつての地域社会では、農業や漁業のような第一次産業に従事している人が多く、生活サイクルに大きな違いはありませんでした。しかも、年齢階層に応じて組織される、若者契約、契約講、山の神講のような集団の一員として行動することが多かったことから、消防団員個々の居場所は互いに熟知しており、災害発生という緊急時にも一致した行動を起こすことは難しいことではありませんでした。

しかし今日の消防団員は、農業や漁業の専業者はまれで、他産業に従事しているケースが圧倒的多数です。そのため日中はもとより、夜間においても、消防団員が決められた時刻に全員集合することは不可能に近いのが実状です。そのため、連絡網の整備、さらには雇用主の消防団活動に対する理解を求める働きかけが必要となっています。

現在の消防団員は、「消防団員としての顔」と「職場の顔」という二つの顔を持っています。

消防団活動は、災害という非常事態への対応が求められますが、職場が遠隔地であったり、職務上その場を離れられなかったりで、消防団員と仕事を両立させることは、かなり難しいといえます。

消防団員からは「消防団活動は厳しい」という言葉が聞かれ、消防団活動に意義を見いだしてはいるものの、入団に踏みきれない若者は少なくありません。

子供の視界から遠ざかる消防団

「消防団員不足は深刻であり、このままでは地域の安全に危機的状況が生まれるかもしれない」

消防団関係者の多くは、このような危惧を抱いています。

しかし、消防職員の増加や消防設備の近代化による常備消防の拡充が進み、多くの国民は、身近な地域で大災害が発生しない限り、消防団の重要性について、ほとんど関心を寄せることはありません。

小・中学校において年に2～3回実施される火災・地震の避難訓練に際して、校門から入って来る赤い消防車を見て、大部分の生徒は「消防活動はこのような消防署員の人々によって担われている」と考え、消防団の存在が意識されることはありません。

かつて、ひとつの小学校区には3～4程度の分団が配置されていました。それぞれの分団は「夜警詰所」（ポンプ小屋ともいう）と称される集合場所を持ち、そのそばには20～30メートルの高さの、半鐘を備えた火の見櫓（やぐら）がありました。

昭和30年ごろまでは、夜警詰所は若者の溜まり場であり、しばしば酒を酌み交わす団欒の場でもありました。詰所の中央部には囲炉裏（いろり）があり、壁には多くの表彰状が掲げられていました。「年配の人々がしばしば来て、若いころの武勇伝をよく聞かされたものだ」などと、昔を懐かしんで話す元消防団員もいます。夜警詰所には、地域のサロン的な雰囲気もあったのです。

祖父―父―そして自分自身と、三代にわたって消防団員である家も多く、出初式や消防演習などには家族総出で見物に出かけることもありました。そのため、法被には殊更親しみを感じており、床の間の脇に祖父や父の着用した団服が並べて掛けられている家もありました。

春先や風の強いときに行われる廻番（まわりばん）の際は、詰所におにぎりやお煮しめなどを母親と一緒に差し入れに行くこともあり、子供たちにとっても、消防団は常に身近な存在であったのです。

今日、子供たちにとって、一日に何度か耳にする救急車の「ピーポー、ピーポー」という音、各市町村に設置されている近代建築の広域消防分署、さらに火災現場に真っ先に駆けつける消防署員を目にすることはあっても、法被姿の消防団員やその活動を見たことさえない子供は多いのではないでしょうか。

子供たちと消防団の親しみの度合いを考えるとき、現在と一昔前では、その距離はあまりにもかけ離れているといわざるを得ません。

3、消防団は地域の安心・安全の防波堤

消防団活動の生命線は日常活動

「雲仙普賢岳の復旧は、消防団の存在なくしては成し遂げることはできなかった」と今なおいわれ続けています。

平成3年、土石流や火砕流などで甚大な被害を及ぼした雲仙普賢岳の大噴火は、現在は小康状態を保っていますが、いつまた噴火するかわかりません。災害の発生による被害を最小限に食い止める最も有効な方法は、その変化を注意深く見守り、変化に素早く対応することです。変化を正確にとらえることに精通しているのは地元住民であり、とりわけその任務を担っているのが消防団員です。

「自然災害は天災であり、人為的災害とは異なる」といわれます。

急速なテクノロジーの進歩によって、自然災害発生の予知も以前とは比べものにならないほど発達しました。しかし、テクノロジーだけでは不十分です。人間の日常的、継続的

な観察とテクノロジーが一体化されることで、より精緻なデータを地域住民に提供でき、信頼を得ることができます。これまでの自然災害を精査してみると、消防団や地域住民の目や経験、言い伝えなどを通して得られた自然の変化の様相が、災害予防にきわめて有効であった実例は枚挙にいとまがありません。

「消防団員になってみると、それまでの自分とは異なる目で地域社会を見ていることに気付かされた」

という言葉は、まさにそのことです。

消防団の地道な日常活動というのは、形に表れないものを通じて行われる営みにこそ本質があるようにも思われます。

消防団員は「特別職の地方公務員」

戦前、消防団長（当時は「消防組頭」）は、地域社会にあっては「村長」「小学校校長」と並ぶ三大名望家でした。消防団長には地主や自作農といった資産家が就任し、村政にも大きな影響力を持っていました。宮城県古川市（現大崎市）では、年頭の初議会には、消防団長は市執行部の位置する「ヒナ壇」に着席することが、長年の慣例として続けられてきたほどです。

消防団員は、地方公務員法第三条第三項第五号において、地方公務員の特別職のひとつとして「非常勤の消防団員及び水防団員の職」と記され、法律の規定では、身分上は市町村長、助役（副市町村長）、収入役（会計管理者）、市町村議員と同じ扱いということになります。そのため、災害現場における消防団員はあくまでも地方公務員としての行動が期待されており、一般の人々とは基本的に異なります。しかしながら、消防団員が「特別職の地方公務員」であることを日常活動で意識することはほとんどないといえましょう。

平成15年7月26日(土)に起こった宮城県北部連続地震の際、南郷町（現美里町）消防団は午前7時には町災害対策本部の指示に基づいて分団ごとに作業を開始しました。緊急の作業課題は、倒壊ブロック塀の撤去とホームタンクの油漏れ防止でした。

必死に作業する過程で、多くの人々から、

「何とかお願いします」

「ありがとうございました」

などの声を聞いたとき、これまでは意識したことがなかった。

『消防団に対する住民の信頼』

を肌で実感したといいます。またある団員の方は、

「団員が不足しているから、ぜひとも入団してほしいと乞われて入団したものの、それまで一度も公務員などとは意識したことがなかった」

と話された後、こう続けました。

「消防団活動は公的任務であることを思い知らされた」

この災害活動を契機に、これと同様の自覚にいたった消防団員は多かったのです。

ここで思い出されるのは、戦後の消防団発足に大きな影響を与えたＧＨＱ（連合国最高司令官総司令部）の高官であったジョージ・ウィリアム・エンジェル（以下「エンジェル」）の次の言葉です。

消防員各位に与えるべき最良の忠言は、諸君は常に徳性と人格との向上を心がけよと言うことである。徳性と人格とは、質朴、克己、常識、正確なる判断、勇気、忠実、信義、正義、名誉を重んずること等の性格を言うのである。（『日本の消防』）

消防団員の法律上の「特別職」という意味は、高邁な倫理観に基づく任務の遂行者のことであり、非常時はもとより日常の活動においても常につきまといます。

4、消防団の存続は奇跡

一世紀を超える消防団の歴史

消防団発足の翌年の消防団員は昭和24年の208万人、それが平成21年には88・5万人。消防団員は60年間に約120万人、半数以下の約6割も減少したのですから、「消防団の存続の危機！」が叫ばれるのも、もっともなことです。

それでも見方を変えれば、戦後60年間、ライフスタイルや価値観など社会のあらゆる面が大きく変化するなか、消防団が存在し続けたことは奇跡に近いともいえます。

戦後改革の一環として消防団は、従来の国家消防から自治体消防となりました。この言葉だけを考えれば、大きな改革のようにも感じられますが、消防費用の自治体負担、メンバーは地域住民という基本的な構図に変化はありません。これは明治27年の消防組規則の制定以降、一貫しています。

地域社会にあった青年団や契約講の多くは、昭和30年代後半から50年にかけて機能停止や解散を余儀なくされました。にもかかわらず消防団が存続し続けた理由として、地方自治体からの財政的支援を指摘する人もいないわけではありません。しかし、消防団員に支払われる金額は、地方自治体によって多少の違いはありますが、国の基準（平成20年）では、団長職の８万２５００円をトップに、団員３万６５００円まで階級によって異なる年報酬、そして火災をはじめとする種々の費用弁償（出動手当）、さらに所属年数と階級によって定められる退職報償金（団長30年以上勤続で92万９０００円が最高）などが支払われますが、その金額はあまりにも少ないといえます。また、国や消防関係団体の「名誉の称号」にも、かつてのような重きを置く人は少なくなりました。

消防団員は、「われわれの行動はファイアマン精神に基づくものだから」といい、「ボランティア」という言葉はあまり聞かれません。それは、「自己犠牲をともなう行動」の体現者であり、わが国固有の伝統組織の一員という意味が込められているようにも感じられます。

消防団活動は、「金太郎飴ではない」

鎮火が確認されると、消火活動の主力である常備消防は所属する消防本部や分署に引き返します。被災家族にとっては、後始末は大変な時間と労力を要する仕事です。その際、重要な役割を果たすのが地元の消防分団です。背中に〇〇町消防団と染め抜かれた法被は頼もしく見えます。焼け焦げた家財道具や身の回り品の後片付けは隣組、親戚の人々によって行われますが、消防分団はその中心となって働きます。地域によっては、今日でも徹夜で被災現場の警戒にあたることもあります。

かつては、火災の発生を知らせるサイレンが鳴り響くと、現場に最も早く駆けつけたのが地元消防団員でした。しかし、最近では、職場の関係上、団員は地元を離れていることが多く、従来のようにはいきません。年配者の中には、火災現場で顔見知りの消防団員を見つけると、「ほっとする」と漏らす人もいます。

消防団は、その名が示すように消火活動に従事する組織ですが、山や海での遭難者の捜索や救助活動、風水害時の堤防警戒、さらには高波警戒など、じつに多方面にわたる活動を行っていることは、新聞報道などでもご存知だと思います。

消防団の活動内容が地域の実情や従来からの関わりによってかなり異なっているのは、「消防団活動の原点は地域の要請に基づく行動であり、地域によって行動の内容が異なるのは当然である」と言う人も少なくありません。まさに消防団活動は、「金太郎飴ではない」のです。

入団間もない若い消防団員からは、「われわれは、警察と同じような仕事をしている」という声も聞かれます。消防団は、消火から警防活動にいたるまで守備範囲は広く、民間警察のような存在でもあります。

第1章　消防団の成立

1、警防団から消防団へ

警防団の解体

昭和20年8月15日に終戦を迎えました。その1ヵ月後の昭和20年9月13日付で、宮城県警察部長より、県下警防団長あてに次のような文書が送付されました。

（一部略）
御聖断ノ下大東亜戦争終結シタリト雖モ其ノ遺シタル功績ハ燦トシテ我ガ国史ニ録セラルベ

ク茲ニ謹ミテ永年ノ労苦ニ対シ深甚ナル謝意ヲ表スル次第ニ有之候
　尚ホ戦後ノ治安確保ハ戦争ノ最中ニ比シ更ニ其ノ重要性ト困難性トヲ増大スルコト亦必至ノ段階ニアルニ鑑ミ苟モ職ヲ治安確保ノ重責に奉ズル警防員ノ任務亦愈々重且大ナルヲ痛感セラル、ヲ以テ深遠ナル聖慮ヲ仰ギ大御心ノ奉戴実践ニ粉骨砕身ノ御努力ヲ払ハレ度茲ニ改メテ万幅ノ謝意ヲ表スルト共ニ新日本建設ノ為メ一段ノ奮起ヲ要望スル次第ニ有之部下一同ニ宜敷御伝達被成下度

『古川市文書資料』

ＧＨＱ（連合国最高司令官総司令部）による戦後改革の第一弾として、昭和20年10月にはマッカーサー最高司令官によって民主化政策の五要求がなされました。その一環として、同21年1月30日に警防団令は改正され、警防団の任務から「防空」が除外された結果、火防、水防中心の活動に移行しました。同年11月末現在の警防団員数はおよそ2－2万人でした。終戦直後は、治安の不安定さに加えて警察官の人員不足から、地域住民自らが自分たちの住む地域を守る、いわば自衛措置を講じる必要があったのです。その前面に立つことを期待されたのは警防団でした。しかし、ＧＨＱは警防団が戦争遂行の一翼を担ったと

いうことから、その解体を迫ったわけです。

消防団の成立

昭和22年4月には警防団の廃止が正式に決定され、それに代わる地域組織として消防団設立の動きがあり、消防団員の募集も始まりました。

昭和22年6月26日付で、宮城県古川町（現大崎市）では、次のような文書を当時の各警防団幹部宛に送付しました。

新団員推薦に就いて

今般警防団を消防団と改組するに当たりまして現在団員数では定員に充たず且現団員中に於いても種々なる事情(出席率不良な者)により、此の際御辞退を申し出らるゝ者も有りますので、時節ご多忙中とは存じますが、団員補充の為左記の条件に依り極力選考推薦下さる様御願ひ致します。

記

一、町内居住者にして満18歳以上の者
二、志操堅固なる者
三、各組毎4〜5名以上
住所記入の上、□□を以て6月30日迄本部までご通知願います。

（『古川市文書資料』）

新たに組織される消防団のメンバーについては、警防団員を中心として選出されました。

古川町の通知書からもうかがえるように、当時は消防団員が思うように集まらない状況でした。その理由のひとつは、ＧＨＱの意向により、一部の警防団幹部については消防団員として認められなかったということがあげられます。

昭和22年10月11日付の『大崎タイムス』（宮城県北部をエリアとする日刊紙）は「火消しの陣全し　六日に古川町消防団の結成式」という見出しで次のように報じています。

古川町では六日に女学校で警防団の解散式と消防団の発団式を行った。門伝古川警察署長、佐々木町長の懇切な挨拶、佐々木町会議長の祝辞に続いて米城団長の挨拶後祝宴に入ったが表彰された警防団功労者と新消防団の役員は次の通り。（以下略）

消防団令施行

ＧＨＱは日本の民主化を実現するために、警察制度改革を重視しました。昭和21年10月には警察制度審議会が設置され、消防のあり方についての検討も行われました。同年12月に出された審議会答申において消防団に関する主要なことを列記すると次のようになります。


第一は、消防と警察は完全に分離すること。

第二は、定員数の決定及び団運営に関わる費用は市町村の負担とすること。すなわち自治体消防とすること。

第三は、警防団を解散し消防団を設置すること。

この答申を受けて、内務省は直ちに「消防法案」作成の検討に入った（『現代行政・24』）ものの、民主化という点からは徹底さを欠くことも多々ありました。そのため、GHQの消防担当の最高責任者であったエンジェルは、新たな法案作成の方針を指示。昭和22年5月1日に勅令185号により消防団令が公布・施行されたのに伴い警防団は廃止されました。

消防団令の第一条には次のように記されています。

> 消防団は、郷土愛護の精神を以て社会の災厄を防止することを目的とし、水火災の予防、警戒及び防圧、水火災の際の救護並びにその他の非常災害等の場合における警戒及び救護に従事するものとする。

消防団は、第一に郷土愛護の精神をベースとして、地域住民の主体的な関わりが求められたこと、第二に地域社会内に起きるあらゆる災害の防止を目的とすること。ここで指摘される「災害」とは火災や水害にとどまらず、地域社会の安定を脅かすあらゆる事態が想定されており、警防機能も併せ持つという意味でした。

消防団令の全二十条と附則における特徴的なことは次の四点です。

第一は、消防団は義務設置制であること。

第二は、消防団員の任命権は市町村長にあること。

市町村長は、消防団長、所轄消防署長、市町村会議員と学識経験者からなる消防委員会から推薦された者のなかから消防団員を任命すること。

第三は、消防団の行動は、警察部長または警察署長の指揮下にあること。

警察部長や警察署長の判断により、緊急性が高いと認められた事態においては、消防団員が区域外にいてもその命令に従わなければならないこと。

第四は、消防団員の定数は市町村の条例で定め、かつそれに関わる費用は、市町村の負担とすること。

GHQは行政制度の民主化という観点から、消防委員会の設置には強くこだわりました。

そのため、各自治体の定めた消防団設置条例においては、メンバー構成、議決方法、審議内容などに関わる条項が多く含まれています。

戦後の消防制度はスタートしましたが、これまでと同様に、消防団を常備消防とともに日本の消防組織の重要な柱として明確に位置づけたことに注目しなければなりません。また、消防委員会という新たな組織がつくられたものの、消防団と地域社会との関係に基本的な変化はありませんでした。しかも、この時点では、消防職員（常備消防）数と比べて、消防団員数が圧倒的に多かったことは、経済的効率性ということだけでなく、地域社会に起こるさまざまな問題に対して、地域実態に精通した消防団を抜きにしては十分な効果をあげることは不可能であるという認識もありました。

2、「エンジェル」の消防制度改革

消防制度改革へ着手

ＧＨＱは、消防制度改革を日本の戦後改革の重要な柱と位置づけました。その最高責任者が、総司令部公安局主任消防行政官であるエンジェルでした。昭和21年当時の日本の消防施設の状況について、来日間もないエンジェルは、「全て沈滞した状態にあった」（著書『日本の消防』）と指摘しています。昭和22年９月30日に、ＧＨＱは片山哲内閣に対して「日本警察改組に伴う日本政府官吏の態度決定に関する件」の覚書を通知。そのなかで、警察と消防の分離にも触れてはいますが、新しい消防制度の骨格については、エンジェル自らが覚書案を示し、その方向に沿って改革は進められていきました。

エンジェルは、５年にわたる日本在任期間を通じて、戦後日本の新しい消防制度を定着させるために、今後の課題として、次の点を指摘しています。

第一に、消防技術や消防設備が未発達であり、都市化の進展に対応する消防力が不十分であること。

第二に、従来までは消防組織のトップの地位は、短期間の腰掛けのような存在と考えられてきており、消防の知識に十分精通しない者が就任するケースが多かった。そのため、組織全体を有機的に動かすことができなかったこと。

第三は、消火に重点が置かれており、予防措置への対応が不十分であった。その是正のために、人口に応じて予防査察員を配置し、しかも予防査察員は高度の技術を身につけるための継続的な研修を積み重ねることが必要であること。

その後の日本の消防の進捗状況について、昭和41年再来日したエンジェルは「日本の消防は、非常に急速な進歩をしている。今回、東京、名古屋、京都、大阪の消防局を訪問したが、どこへ行っても進歩、改善しているという印象を受けました」(『近代消防』昭和41年6月号　特別座談会)と語っています。

消防団に対する評価

エンジェルは来日前、アメリカやカナダで防火、保安及び財産保全の任務を担当してきたとはいえ、日本の消防団のような義勇消防組織の存在を直接目にしたのは初めてであり、最初は多少なりとも戸惑いはあったようです。エンジェルは日本に着任すると間もなく全国各地の消防組織をつぶさに視察した結果、消防団の役割を高く評価するようになりました。特に、地域社会においては、消防団の必要性を強く認識しました。

エンジェルは消防団をさらに活性化させるための措置として、次の三点を提案しました。

第一に、25人程度の消防団員で構成される組織体を組織化し、1台のポンプを配置させること。

第二に、組織のトップである消防団長には、消火活動にある程度の経験ある者を選ぶこと、その選定にあたっては市町村長が選出するか、団員の選挙によって選出するか、どちらかの方法によるべきであること。

第三に、消防団員の中から1、2名は、予防事務に関する教育を受け、危険な建物、使用状態及び設備等に対する査察を行う知識を持ち合わせておくべきであること。これに加えて、消防団員の資質向上を図るために、積極的に教養訓練に参加すること。

エンジェルの尽力により、消防設備だけでなく、消防組織そのものの近代化が推進されました。エンジェルが赴任した当初は、明治以来の消防組の延長線上に位置づけられる消防団に旧体制維持に貢献したイメージが重なり合い、消防団は解体されるのではないか……という危惧の念を持つ消防団関係者は多かったのです。エンジェルは消防団の実態を自分の目で視察することで、地域社会の安定維持のためには伝統的な消防団の必要性を認識しました。こうして戦後日本の消防組織は、消防職員と消防団の二本立てで構成されることが決定されたのです。

消防組織法の成立

ＧＨＱは消防団の組織運営については、勅令消防団令に代わって、法律の制定をもって運用することを日本政府に求めました。そのため、昭和22年10月より立法化に着手し、12月23日付で法律第226号をもって公布、翌23年3月7日より施行されたのが消防組織法です。これにより勅令消防団令は廃止されました。

消防組織法の制定にともない、昭和23年3月24日付で、その法律の趣旨の徹底を図るために、政令第59号による消防団令（以下、政令消防団令）が公布されました。

勅令消防団令と比べて変わったのは次の点です。

第一に、消防委員会は廃止され、消防団員の任命権は市町村長がもつこと。

第二に、消防団の指揮監督権は市町村長、消防長または消防署長にあること。

第三に、消防団の設置については義務設置制から任意設置制となったこと。

なお、東京都だけに適用される条項はすべて削除されました。

消防組織法においては、消防に関する事務一切は、従来までは警察の監督下に置かれていましたが、それを市町村の責任に移行させることが明記されました。ここに名実ともに「自治体消防」が発足したのです。

このような変更は、多くの市町村で戸惑いが見られました。それは、「大方の市町村が消防本部、署の設置には積極的ではなかった。したがってその数は少なく、昭和24年5月においても、一万余の市町村中、2−7消防本部、268署で、大都市を除くと、ほとんど一本部一署で、なかには消防本部だけというものもあり、弱体なものが多かった」(『現代行政全集・24』)という指摘に短的に示されています。

この時期、各市町村では政令消防団令の公布にともない、自治体条例の改正が行われたものの、全国画一的傾向は否めませんでした。なかでも、消防団員の資格条件に関しては、ほとんどの自治体では、従来と同様の内容を継続するところが多かったのです。

青森県脇野沢村(現むつ市)では、昭和23年12月25日に施行された「定員並びに任命に関する条例」の第二条において、「消防団員は脇野沢に住所を有する年齢満18歳以上満55歳以下の者の中から村長が任命する。村長に特に必要ありと認める場合は前項の制限によらないこと」という文言は見られますが、加入の上限を定めた条項は、当時としては例外に近いものでした。

消防法の成立

「消防組織法」と並んで、消防に関する二大法律と呼ばれる「消防法」は、消防活動の具体的内容を定めたものです。消防法は法律第186号により、昭和23年7月24日公布、8月1日から施行されました。

第一条の「目的」の項によれば、「この法律は、火災を予防、警戒、鎮圧し、国民の生命、身体、財産を火災から保護する」とあり、予防に比重が置かれていることに注目しなければなりません。わが国の防災はこれまでは鎮火に重点が置かれてきたという経緯がありますが、GHQの強い指導により、予防に比重が置かれるようになったわけです。

その法律の「火災の予防」（第二章）では、具体的に七項目（第三条〜第九条）にわたって列記されています。そのうち、第三条においては、出火状況となりやすい（1）火遊び、喫煙、たき火の禁止もしくは制限、（2）残火、取灰または火粉の始末、（3）放置せられた危険物その他の燃焼の虞（おそれ）のある物件の処理、（4）みだりに存置または放置せられた物件の整理、移動または撤去等について明記されました。

また昭和25年に、第四条の二が追加され、消防団員にも、消防職員同様に「火災予防のため特に必要あると認めたときは、立入及び検査または質問ができる」という権限も付与されました。

3、日本の「SHOUBOUDAN」

消防団の義勇精神

昭和22年から23年にかけて、消防団員の服務に関する規則に関する条例が全国各自治体で制定されました。前掲の青森県脇野沢村における「脇野沢村消防団員服務規律及び懲戒条例」の第四条「消防団員厳守事項」で12項目にわたって列記されています。それらのうち主なものを以下に取り上げておきます。

(一)、常に水火災の予防及び警火の喚起に努め一朝事あるに際しては、身を挺して難に赴く心構えを持つこと。

(2)、紀律を遵守し上長の指揮命令の下に上下一体事に当たること。
(3)、上下同僚の間互に相敬愛し礼節を重んじ信義を厚くし常に言行を慎むこと。
(4)、職務上知得したときまたは他よりこれを聞知したことを問わず機密をもらさないこと。
(5)、消防団または消防団員の名義を以て政治運動に関与しまたは他人の訴訟もしくは論議に関与しないこと。
(6)、平素いつでも召集に応じ得る準備を整え置き事に当たり不都合のないようにしなければならないこと。
(7)、警察官吏の命のないときは職務のためと雖（いえど）もみだりに建造物その他の物件を毀損しないこと。

これらの内容は、消防団活動における心構えから日常生活のあり方にいたるまで、消防団員の生活万般の行動規範が示されています。

さらに、消防団の意義について、昭和24年、当時のGHQの公安課消防行政官であったフランクリン・C・アンクロムは新年の挨拶で次のように述べています。

義勇消防の仕事は其古さを火の歴史と同じくします。火が其普通の範囲を逸脱すると破壊的勢力となる事を人間が発見して以来、向ふ三軒両隣が其生存の為に火の勢力と闘ふ為一致団結する必要を生じたのであります。
近代的な整備や技術が消防手段を改善したには違ひありませんが義勇消防隊員がお互に助け合ふ動機を為した精神は今なお存在して居ります。消防団員諸君は其精神を最も優れた伝統の中に持ち続けなければなりませぬ。(以下、一部略)
(『日本の消防百年史・第三巻』)

アンクロムは、消防団にとっては義勇の精神が最大の武器であり、これを継続発展させていくことこそ日本の消防団の伝統である、と主張しています。この点について「消防の母」と呼ばれている松井茂も、大正15年に刊行された著書『国民消防』のなかで、わが国の消防はそのほとんどは、むら消防の「義勇消防」であり、「其の義勇消防は、其の志願の動機が、任意的、義侠心の発露に出たのであるからして、火災時に於ける、出場手当等は、之を眼中におかないのが当然である」(同著60～61頁)と述べていることと符合しています。

戦後の復興のなかで、都市部を中心として常備消防拡充には機械力の整備は欠かせない重要課題であることとは対照的に、消防団活動の活発化のためには、一層の精神面の充実の必要性が謳われたのです。

廻番は消防団活動の原点

早くから全国的に広く行われていた廻番は、地域住民にとって消防団を常に身近な存在として意識させるものでした。通年の実施、あるいは風の強い春先と年末と時期を限定して実施しているところもありました。期間中1日に2～3回、拍子木を鳴らしながらの地域内巡回でした。

昭和23年5月1日付の大崎タイムスは「消防団の廻番」という見出しで、当時の廻番の実態について、次のように報じています。

廻番に出動の人々には三十円づゝの弁当代が支給されることになって居り町では一万四千円の予算を計上しているだけだから五月十日頃までやれば予算を費い果し必然的に夜警を中止する事になる。夜警の重要性、夜警による恩恵は全町民が痛感して居り、一定の期間に止めず年中休みなしの夜警を切望している。町民が望む如く年中休みなしの夜警をするとすれば約十五万円の予算が必要であり、町の一般予算から支出するのもさして難しい事ではないのだが、他町村に好い例が多いのだから此の機会に消防後援会を組織し全町民が会に加盟し分に応じて金を出し合い夜警費などを負担したいものである。(以下略)

廻番は火の用心だけでなく、防犯としての意味合いもあり、地域住民の安全維持のためには、欠くことのできない存在でした。廻番はまさに消防団と地域住民の信頼の絆を強め、地域住民に「われわれの消防団」と意識させるものだったのです。

第2章　数値から見る消防団の動向

1、消防団員数の推移

消防団員数の推移

消防団発足の翌年の昭和24年の消防団員数はおよそ２０８万３千人。平成21年には88万5千人となり、60年の間にほぼ六割近くも減少しました。この間における消防団員数の推移について、次頁の**図表‐3**を参照しながら概観してみます。

①第一期（昭和23〜27年）

昭和24年における消防団員数約２０８・３万人（『昭和24年版　消防白書』という数は、

図表-3　消防団員数と消防職員数の推移

年＼区分	消防団員数	消防職員数
昭和 27 年	2,090,952	27,269
30	1,944,233	31,194
31	1,830,222	31,864
32	1,737,319	32,745
33	1,677,555	33,729
34	1,633,792	35,168
35	1,591,053	36,627
36	1,542,406	38,489
37	1,488,495	40,948
38	1,445,508	43,169
39	1,413,285	45,357
40	1,330,995	48,075
41	1,301,702	50,806
42	1,283,003	53,957
43	1,258,277	56,681
44	1,234,696	60,486
45	1,210,839	64,230
46	1,189,675	70,077
47	1,166,625	79,092
48	1,148,567	88,754
49	1,131,723	98,329
50	1,118,036	105,005
51	1,105,299	107,632
52	1,094,367	110,618
53	1,087,269	114,249
54	1,078,536	117,657
55	1,069,140	120,460
56	1,063,761	123,204
57	1,057,404	125,335
58	1,050,271	126,959
59	1,042,463	128,087
60	1,033,376	128,914
61	1,026,224	129,610
62	1,017,807	130,463
63	1,008,998	131,407
平成元年	1,002,371	132,437
2	996,743	133,610
3	991,566	135,157
4	986,996	137,388
5	983,014	141,403
6	979,737	144,885
7	975,512	147,016
8	972,078	148,989
9	968,081	150,626
10	962,625	151,703
11	957,047	152,464
12	951,069	153,439
13	944,134	153,952
14	937,169	154,487
15	928,432	155,016
16	919,105	155,524
17	908,043	156,082
18	900,007	156,758
19	892,893	157,396
20	888,900	157,860
21	885,394	158,327

消防庁編『平成 21 年版　消防白書』

当時の男子満18歳から60歳の年齢層のおよそ１割にも相当します。終戦直後、社会状況が不安定だったこともあり、消防団は防火はもとより、地域の警察の補助機関としての役割も担っていました。

消防団活動は活発であり、夜警（廻番）は１年中行われる地域もありました。消防団員になることは、地域の通過儀礼的意味合いがあり、各家の跡取り息子のほとんどが入団するという状況でした。昭和24年５月の時点における消防本部は２１７、消防署は２６８（『現代行政全集　24』）にすぎず、消火活動は消防団に依存する傾向が強かったのです。

昭和26年３月に消防組織法の改正により、「市町村は、消防本部、消防署、消防団等の消防機関のうち、全部又は一部を設置しなければならない」とされ、これまで任意であった消防機関の設置が義務付けられました。そのため、消防団数と消防団員数も増加しました。

戦前から大都市を中心に配置されていた消防団常備部は、消防組織法の制定により常備消防に切り替えられました。この時期は、市町村あるいは警察管区ごとに消防団連合演習が実施され、各消防団にとってはお互いの優劣を競い合う晴れの舞台ともなり、練習には多くの時間を費やしたものです。

②第二期（昭和28〜40年）

昭和28年10月に町村合併促進法が施行され、全国で9868を数えた市町村数は、同31年4月には4668とほぼ半減（昭和の大合併）。それにともない、消防団数及び消防団員数も大幅に減少しました。

昭和27年と昭和32年を比較すると、消防団数は1万1667から4484（減少率55・9％）、消防団員数は209万952人から173万7319人（減少率16・9％）となりました。

消防団数と比べ消防団員の減少率が低かったのは、地域住民と分団との関わり方によるもので、各地で分団統廃合反対の動きも活発にあったからです。しかしながら、昭和33年から40年にかけては消防団員は34・6万人も減少しており、1年間におよそ4・3万人ずつ減っていった計算になります。

この時点で、消防団発足時と比較しておよそ75万人も減少しています。その理由としては、昭和30年代に入ると、わが国はこれまでの農業から工業中心へと国策の方針転換が行われ、その主要な労働力の担い手である若者層が農村部から都市部へ移動する、いわゆる向都離村現象が顕著となり、消防団員の減少に拍車がかかったからです。

一方、この間、常備消防職員は約１・４万人増加しています。また、昭和31年における消防本部数は３８３、消防署４６５であったのに対して、昭和40年には消防本部数は６２０、消防署７３５と、いずれも大幅に増加しました。都市化の進展で高度な消防技術が求められ、昭和38年には消防組織法の一部改正が行われました。それにともない、昭和39年から40年にかけては全国６００市町村に消防本部および消防署が新たに設置されました。

他方、農村部においては、市町村合併から一定の期間が経過したこと、さらには過疎化地域も増加したことから、地域的バランスを考慮しなければならないという事情により、消防分団の統廃合と消防団定数の減員が進められました。

③第三期（昭和41〜63年）

この時期、消防団数にほとんど変化は見られなかったのですが、消防団員数は約30万人も減少しました。年平均でおよそ1・3万人が減少したことになります。

この間の動きを、「昭和41〜50年まで」と「昭和51年以降」を比較すると、「51年以降」の減少数が少なくなっています。昭和41〜50年にかけては高度経済成長の真っ只中で、農家戸数はおよそ4割も減少しており、消防団員数の減少も離農者の増加と深く関わっています。

この時期、消防については、周辺の自治体と共同で組織する広域消防組合形式を採るケースが多くなり、消防職員の増加が図られました。昭和63年には、「456」の広域消防組合が誕生しています。昭和41年には、広域消防組合が全国で4つしかなかったことを考えると、かなりの増加といえます。

こうした動きもあり、昭和41年に5万806人だった消防職員数は、昭和63年には13万1407人と2・6倍に増加しました。

一方、農村部では、消防団員の成り手不足がかなり深刻化しはじめた時期でもありました。これまで農村の地域づくりで重要な役割を果たしてきた青年団活動が、メンバー不足によって活動の停滞や休止に追い込まれるところも多く、その動きと消防団加入者の減少は軌を一にしています。

消防団員数の減少に対して、装備の充実や分団の統廃合により、全国の各自治体では消防団定数の条例改正を行ったこともあり、消防団員の充足率は90％前後を確保できていました。しかしながら、都市周辺では新興住宅団地が急増したものの、消防団員不在地域は多くなり、隣接する既存の分団がカバーしなければならない状況も生まれました。

この時期、東北地方や九州地方では、関東や関西方面に長期に出稼ぎに行く消防団員も多く、火災の発生や防火のための組織として婦人防火クラブや婦人消防隊などが組織されています。

④第四期（平成元年以降）

平成2年には、消防団員数は100万人の大台を割り込みました。その後は1年間に

4000〜5000人のペースで減り続けています。

一方、常備消防は平成元年と平成15年を比較すると、約2・2万人の増加となり、消防団員と常備消防の比率は6対1となりました。平成6年を機に、消防団常備部はなくなり、身分的には消防職員となりました。消防団員の減少は消防団の存立基盤を危うくしかねない状況をもたらすことから、消防庁や日本消防協会はこれまで以上に消防団員の増加対策に力を入れてはいるものの、まだ増加に転じるまでには至っていません。

平成7年の阪神・淡路大震災を機に、消防団の見直し論議が高まり、翌8年に減少数は3344人（対前年比0・35％減）となり、減少率は対前年比0・5％を下回りましたが一時的なものであり、その後の動きは従来とほとんど変わらない前年比0・5〜0・7％の減少率で推移しています。平成の合併により一時的に減少率は高くなりましたが、それが一段落した平成18年以降は、減少率は低下傾向にあります。

進む消防団員の高齢化

昭和40年における消防団員の年齢階層別構成を見ると、「18〜20歳」層は2・7%、「21〜30歳」層は42・8%で、この二つの年齢層の合計が全体の半数近くを占めていました。このような若年齢層の割合が高かったのは、中部地方、九州地方、関東地方であったのに対して、北海道地方、東北地方は低く、この時点で、すでに年齢構成において地域間格差が拡大していたことがうかがえます。

昭和38年に「30歳以下」層が50・8%と半数を超えていたのに対し、昭和40年には5・3%も減少し、半数を割り込んでいます。対照的に、「31〜40歳」層がかなり増加しました。さらに昭和42年には「30歳以下」層は41・9%となり、この年齢層の減少が加速度的に進んだことがわかります。反対に、「41〜50歳」層の増加が目立つようになりました。

数字の推移を見ていくと、昭和38〜42年にかけて、消防団員の年齢階層構成は大きく変化していることがわかります。この時期は市町村合併の促進、第一次産業人口の大幅な減少により、若年齢層の消防団員の退団が相次ぎ、高年齢化が進んでいきました。

その後の動向について、昭和40年以降の年齢階層別割合を**図表-4**から検討していきます。

昭和45年の平均年齢は32・5歳でしたが、平成21年には38・5歳になり、約40年間に6・0歳も高くなりました。つまり、5年きざみで0・5〜0・8歳の割合で高齢化が進んでいったことになります。

特徴的なことは、「20歳未満」層と「20〜30歳未満」層の、いわゆる若年層の減少が著しいことです。昭和40年には、若年層合計で45・4%を占めていましたが、平成21年には19・2%と半減しました。

この傾向は「20歳未満」層に顕著であり、昭和40年と50年を比較すると、2・7%から1・9%へ、さらに昭和55年以降は1%を大きく割り込んでいます。

図表-4　消防団員の年齢構成比率の推移

区分	19歳以下	20〜29歳	30〜39歳	40〜49歳	50〜59歳	60歳以上
昭和 40 年	2.7	42.7	45.0	7.8	1.7	0.1
50 年	1.9	39.9	39.2	15.9	3.1	0.0
55 年	0.6	33.2	43.3	17.3	5.6	0.0
60 年	0.5	29.5	47.3	15.7	6.1	0.9
平成 5 年	0.6	26.1	43.4	21.9	6.5	1.5
7 年	0.5	25.7	42.4	23.1	6.6	1.7
10 年	0.4	25.8	40.3	24.2	7.4	1.9
15 年	0.4	23.8	38.6	24.6	10.4	2.2
21 年	0.3	18.9	40.0	25.2	12.3	3.3

消防庁編『平成21年版　消防白書』　(単位：%)

従来までは高校卒業と同時に消防団入団というケースも多かったのですが、そのような動きはまったくといっていいほど見られなくなりました。他方、昭和55年までは「40～49歳」層の増加が顕著であったものが、平成に入ると、「50歳以上」層が着実に増加傾向にあり、階層的には1ランクの上昇傾向を示しています。

消防団員の高齢化の動きは以後も続いており、平成12年には、「50歳以上」層がはじめて10％台を占めるに至りました。その後も占有率は高まっています。

増加するサラリーマン団員

消防団員の高齢化と並んで、サラリーマン団員の増加が見られ、この二つが今日の消防団運営の上で大きな問題になっています。

図表‐５のように、昭和40年にサラリーマン団員比率は26・５％

図表-5　サラリーマン団員の比率の推移

年　次	比　率
昭和 40 年	26.5％
50 年	42.8％
60 年	54.5％
平成　2 年	57.4％
7 年	64.4％
12 年	68.2％
17 年	69.8％
21 年	70.1％

消防庁編『平成 21 年版　消防白書』

でしたが、昭和50年には42・8％に達し、10年間でおよそ1・6倍増加しました。その後も増加し続け、平成17年には約70％にも及び、団員の10人に7人はサラリーマンということになります。

サラリーマン団員の増加は、かつて消防団員の多数を占めていた農業や漁業などの第一次産業人口の減少や兼業農家の増加に起因しています。

多くの消防団では、団員減少に歯止めをかける対策として、「退団する際には、後補充者を確保してから」という申し合わせなどを行っています。しかし、個人的な事情に関わる内容も多分に含んでいるため、十分な成果が上がっていないのが実状です。また、サラリーマン団員も、仕事の都合上、消防団活動を思うように遂行できないからと、「退団を申し出る」例も多く見られます。

２、都道府県別消防団の動向

都道府県別消防団員数の推移

平成10年を基準年として、15年、20年における都道府県別の消防団員数を比較したのが図表‐６です。平成10年を基準年とした15年との比較（以下「前者」）では、神奈川県、石川県、滋賀県の３県において多少の増加は見られるものの、他は減少しています。この間の減少率は全国で３・６％、最も高いのは鳥取県の７・５％です。５％を超えたのは８県でした。

次に、平成15年を基準年とした20年との比較（以下「後者」）では、全体の減少率は４・３％であり、前者との比較では０・７％ほど高くなっています。しかも減少率が５％以上は全体の３分の１に近い14県にも達しています。なかでも群馬県と島根県では、前者と比較して２倍以上の減少率を示しました。平成の合併が影響していることがうかがえます。一方、団員数が増加したのは富山県、石川県、大阪府、香川県の４府県ですが、これらは平成15

図表-6　都道府県別の消防団員数の増減率

都道府県	平成10年（人）：A	平成15年（人）	平成10年を基準年とした平成15年の増減率（%）	平成20年（人）：B	平成15年を基準年とした平成20年の増減率（%）	A－B（人）	平成10年を基準年とした平成20年の増減率（%）
北海道	28,818	27,666	▲4.0	26,453	▲4.4	▲2,365	▲8.2
青　森	21,394	20,837	▲2.6	19,991	▲4.1	▲1,403	▲6.6
岩　手	25,555	24,439	▲4.4	23,476	▲3.9	▲2,079	▲8.1
宮　城	23,326	22,583	▲3.2	21,864	▲3.2	▲1,462	▲6.3
秋　田	20,790	19,716	▲5.2	18,191	▲7.7	▲2,599	▲12.5
山　形	28,548	27,422	▲3.9	26,501	▲3.4	▲2,047	▲7.2
福　島	38,930	37,324	▲4.1	35,664	▲4.4	▲3,266	▲8.4
茨　城	27,130	25,690	▲5.3	24,590	▲4.3	▲2,540	▲9.4
栃　木	15,805	15,681	▲0.8	15,030	▲4.2	▲775	▲4.9
群　馬	13,457	13,060	▲3.0	12,215	▲6.5	▲1,242	▲9.2
埼　玉	15,270	14,804	▲3.1	14,395	▲2.8	▲875	▲5.7
千　葉	30,744	29,134	▲5.2	27,590	▲5.3	▲3,154	▲10.3
東　京	24,718	24,351	▲1.5	24,099	▲1.0	▲619	▲2.5
神奈川	19,376	19,437	△0.3	18,914	▲2.7	▲462	▲2.4
新　潟	45,108	42,535	▲5.7	39,789	▲6.5	▲5,319	▲11.8
富　山	9,773	9,647	▲1.3	9,694	△0.5	▲79	▲0.8
石　川	5,213	5,219	△0.1	5,294	△1.4	△81	△1.5
福　井	5,518	5,436	▲1.5	5,411	▲1.5	▲107	▲1..9
山　梨	17,966	16,990	▲5.4	15,915	▲6.3	▲2,051	▲11.4
長　野	42,366	39,946	▲5.7	36,894	▲7.7	▲5,472	▲12.9
岐　阜	22,680	21,834	▲3.7	21,199	▲2.9	▲1,481	▲6.5
静　岡	23,763	22,808	▲4.0	21,239	▲6.9	▲2,524	▲10.6
愛　知	27,325	25,630	▲6.2	24,172	▲5.7	▲3,153	▲11.5
三　重	14,450	14,061	▲2.7	13,838	▲1.6	▲612	▲4.2
滋　賀	9,363	9,369	△0.1	9,367	▲0.1	△4	0
京　都	19,857	19,312	▲2.7	18,520	▲4.1	▲1,337	▲6.7
大　阪	9,818	9,750	▲0.7	10,360	△6.3	△542	△5.5
兵　庫	50,541	48,110	▲4.8	45,779	▲4.8	▲4,762	▲9.4
奈　良	10,001	9,642	▲3.6	8,984	▲6.8	▲1,017	▲10.2
和歌山	12,244	12,136	▲0.9	12,053	▲0.7	▲191	▲1.6
鳥　取	5,700	5,272	▲7.5	5,171	▲1.9	▲529	▲9.3
島　根	14,012	13,620	▲2.8	12,811	▲5.9	▲1,201	▲8.6
岡　山	31,568	30,656	▲2.9	29,216	▲4.7	▲2,352	▲7.5
広　島	24,581	23,497	▲4.4	22,605	▲3.8	▲1,976	▲8.0
山　口	14,655	14,399	▲1.7	13,766	▲4.4	▲889	▲6.1
徳　島	11,362	11,090	▲2.4	10,953	▲1.3	▲409	▲3.6
香　川	7,710	7,580	▲1.7	7,660	△1.1	▲50	▲0.6
愛　媛	21,804	21,464	▲1.6	20,987	▲2.2	▲817	▲3.7
高　知	8,417	8,254	▲1.9	8,136	▲1.4	▲281	▲3.3
福　岡	26,881	26,323	▲2.1	25,561	▲2.9	▲1,320	▲4.9
佐　賀	21,790	20,814	▲4.5	19,739	▲5.2	▲2,051	▲9.4
長　崎	23,039	22,350	▲3.0	21,132	▲5.6	▲1,907	▲8.3
熊　本	39,270	37,803	▲3.7	35,342	▲6.5	▲3,928	▲10.0
大　分	17,502	16,739	▲4.4	15,932	▲4.8	▲1,570	▲9.0
宮　崎	15,936	15,773	▲1.0	15,221	▲3.5	▲715	▲4.5
鹿児島	16,868	16,571	▲1.8	15,581	▲5.9	▲1,287	▲7.6
沖　縄	1,683	1,658	▲1.5	1,606	▲3.2	▲77	▲4.6
計	962,625	928,432	▲3.6	888,900	▲4.3	▲73,725	▲7.7

『消防白書』より作成　▲は減少　△は増加

年の団員数が1万人未満と全国的にも少ない方に属します。

平成16年と17年の対前年比の団員の減少率は1・0％、1・2％とかなり高くなっているものの、平成の合併が一段落した平成18年〜20年における対前年比では、18年（0・9％）、19年（0・8％）、20年（0・4％）と、減少率は低下傾向が見られます。

平成10年から20年にかけての10年間の動向を見ると、総数で7万3725人の減少、減少率は7・7％です。この間、大阪府、石川県、滋賀県の3府県で増加したものの、44都道府県では減少しました。減少率が10％を超えたのは秋田県、千葉県、新潟県、山梨県、長野県、静岡県、愛知県、奈良県、熊本県の9県を数えます。これらのうち、新潟県、長野県、熊本県の3県は消防団員数では全国でもトップクラスに位置しています。また1000人以上の団員数が減少したのは全体の6割近い28都道府県を数えています。

人口と消防団員数

消防団員の定数については、市町村条例によって決定されます。その際、各市町村は面積や消防団設備、さらには常備消防力（消防職員数）などから総合的に判断して決定します。そのため、市町村の消防団員定数は人口に必ずしも比例しません。

その点について、**図表-7**（人口千人当たりの消防団員数）を参照しながら検討していきます。

昭和45年では、人口比で最も多い「段階Ⅷ」（35人以上）は佐賀1県だけであり、「段階Ⅶ」（30〜35人未満）は山梨、山形の2県、「段階Ⅵ」（25〜30人未満）は長野、熊本、新潟の3県。一方、「段階Ⅰ」（5人未満）は4都府県、「段階Ⅱ」（5〜10人未満）は10道県。昭和45年には、人口比における消防団員数は「段階Ⅰ」から「段階Ⅷ」までと、段階幅は「8」でした。

昭和60年には、団員数が最も多いのは昭和45年と同じく佐賀県でしたが、「段階Ⅵ」（25〜30人未満）に位置しており、昭和45年と比較して2段階低くなっています。全体的には、「段階Ⅱ」が最も多い「17」にのぼり、「段階Ⅰ」の「7」と合わせると、全体の半分を占めています。さらに、全体の段階幅は「6」となり、昭和45年と比べて2段階の縮小でした。

平成12年には、「段階Ⅱ」が最も多くなり、昭和60年と比べて、さらに格差は縮小しています。

平成20年は、12年とほぼ同じ傾向を示していますが、「段階Ⅰ」が増加していることが注目されます。

また、全国における人口千人当たりの平均消防団員数は、昭和45年は11・7人、昭和60年は８・５人、平成12年は７・５人、平成20年は７・２人と、漸減傾向を示しています。

このように年次が進むにつれて、人口千人当たりの消防団員数の減少とともに、人口当たりの消防団員数は均等化する傾向が見られます。

昭和45年において人口千人当たりの割合の高い上位５県は、佐賀、山梨、長野、新潟、熊本であり、全国平均をかなり上回っていました。昭和60年、平成12年、平成20年においても、これら５県の割合は高いものの、対人口比の消防団員

図表-7　人口千人当たりの団員数と都道府県数の推移

段階	人口千人当たりの団員数	年次			
		昭和45年	昭和60年	平成12年	平成20年
Ⅰ	5人未満	4	7	7	9
Ⅱ	5〜10人未満	10	17	20	18
Ⅲ	10〜15人未満	13	8	8	9
Ⅳ	15〜20人未満	6	9	9	7
Ⅴ	20〜25人未満	8	5	3	4
Ⅵ	25〜30人未満	3	1	0	0
Ⅶ	30〜35人未満	2	0	0	0
Ⅷ	35人以上	1	0	0	0

団員数は『消防白書』人口は『総務省 統計局資料』にもとづいて作成
昭和 45 年次における沖縄県の数値は昭和 50 年次のものを採用している。

数そのものは大幅に減少しました。これらの県は、第一次産業人口の占める割合が比較的高い県です。他方、関東地方や近畿地方のような早くから大都市が形成された地域では、多くは10人未満と低くなっていますが、兵庫県の高いのが注目されます。

3、消防職員の増加

昭和36年の消防力の基準

消防職員数は、消防団員数とは対照的に年々増加傾向を示しています。消防職員数については、昭和24年4月22日付の国消発第48号「常備消防力の基準」並びに昭和27年3月18日付の国消発第30号の「消防団の設備及び運営基準」に基づいて各市町村条例によって定められていました。

それによると、それぞれの都道府県の面積や人口、市町村の分布状態などから決定されていました。しかしながら、昭和30年代には、経済、社会情勢が大きく変化し、特に都市地域の消防力の強化は緊急の課題となったことから、「一部の市町村においては、その行政能力がありながらも、消防に関して極めて消極的又は熱意に欠けるとみられる向きもあり、しかも、これが市町村の消防力強化意欲を著しく阻害する結果となっている」（「昭和36年8月1日付　消防庁告示第2号の『消防力の基準について（通達）』」）という指摘もあり、「人口のみならず建築物の構造規模、粗密度、気象等を勘案して、合理的、かつ、容易に消防力を決定できるよう定める」（同通達）と、新たな消防力の基準が示されました。

それを機に、消防職員数は、それまでは1年間に1500人程度の増加でしたが、昭和36年以降は、2000〜2500人程度と、かなり増加しています。

消防職員数の推移

消防職員数の推移について概観してみます（前掲　図表-3参照）。

昭和45年と平成21年を比較すると、約2・5倍の増加であり、平成21年の消防職員数は15万8327人。特に、昭和45年から50年にかけては、かなり増加しています。これは、都市部を中心に消防力のアップが図られたことに加えて、昭和45年から50年にかけて、広域消防組合が組織化されたことも要因として挙げられます。

消防職員数の増加は、当時すでに巨大都市となっていた東京、大阪、神奈川の、いわゆる太平洋ベルト地帯の中核地域に顕著であり、これら3都府県の消防職員数は全国でも上位を占めました。

昭和45年時点では、人口千人当たりの消防職員数は全国平均で0・62人でしたが、1人を超えていたのは東京都だけでした。昭和60年には全国平均が1・06人と大幅に増加し、1人を超える都道府県は全国の半数に及びました。さらに、平成12年では、全国平均は1・20人、平成20年では1・23人となり、しかも47都道府県すべてで1人を超えました。その結果、人口千人当たりの消防職員数の都道府県格差はかなり縮小しました。

次に、消防団員数と消防職員数の関係について、昭和45年の対人口比（人口千人当たり）で、消防団員数の多い全国上位5県にランクされる佐賀（35・3人）、山形（31・4人）、山梨（30・1人）、長野（28・8人）、熊本（28・8人）について、簡単にふれておきます。

これら5県は、昭和45年の消防職員数（人口千人当たり）はほぼ０・3〜０・5人で、全国平均０・62人をかなり下回っており、全国的にも下位にランクされました。昭和60年にも、増加率は上昇したものの、全国平均には達していません。それでも長野を除いた4県は、いずれも1人を超える状況となりました。そして、平成12年は、昭和60年と同じ傾向でしたが、最も低い長野県でも０・97人、他の4県はいずれも1・10人を超えました。平成20年では、５県はいずれも1・1人を超え、なかでも山梨、佐賀、山形の３県は全国平均を上まわりました。

このような数値動向から、５県は昭和45年以降消防団員数はかなり減少したものの、逆に、消防職員数が大幅に増加したことがわかります。

一方、大阪、東京、神奈川のような大都市地域では、消防団員数は少なく、消防職員数の増加率はあまり高くはありません。これは、人口密度の高い地域に消防職員が重点的に配置されているからです。

第3章　消防分団の運営実態

1、消防分団数の推移

分団統廃合の推移

昭和36年時点では、全国の消防団数3957、消防分団数3万5463で、1消防団当たり平均9つの分団から構成されていました。この消防分団数を見ると、1分団の範域は、江戸時代の藩制村のおよそ2・5ヵ村に相当すると考えられます。しかも、この範域は明治以降も、地域住民にとっては日常生活の枠組みとして機能していたことから、消防分団と地域社会は強い関わりがあったことがうかがわれます。

その後、消防団数と消防分団数は図表-8のような推移をたどっています。

図表-8　消防団数と消防分団数の推移

区分／年	消防団数	消防分団数
昭和27年	10,167	-
30	5,951	-
31	5,332	-
32	4,484	-
33	4,304	-
34	4,153	-
35	4,016	-
36	3,957	35,463
37	3,909	35,377
38	3,852	34,323
39	3,835	33,825
40	3,826	31,653
41	3,818	30,940
42	3,764	29,926
43	3,748	29,451
44	3,743	28,998
45	3,699	28,482
46	3,682	27,732
47	3,659	27,638
48	3,696	27,392
49	3,682	27,081
50	3,668	26,805
51	3,673	26,650
52	3,669	26,463
53	3,669	26,324
54	3,666	26,281
55	3,641	26,084
56	3,645	25,995
57	3,656	26,115
58	3,653	26,002
59	3,658	25,858
60	3,641	25,798
61	3,650	25,701
62	3,648	25,667
63	3,649	25,606
平成元年	3,649	25,620
2	3,654	25,639
3	3,648	25,559
4	3,642	25,574
5	3,642	25,575
6	3,641	25,561
7	3,637	25,506
8	6,636	25,480
9	3,641	25,455
10	3,643	25,393
11	3,641	25,351
12	3,639	25,322
13	3,636	25,268
14	3,627	25,238
15	3,598	25,064
16	3,524	24,852
17	2,963	24,384
18	2,584	23,946
19	2,474	23,605
20	2,380	23,180
21	2,336	22,997

消防庁編『平成21年版　消防白書』

消防団数は市町村数とほぼ一致しており、昭和28年から30年にかけての町村合併促進法による「昭和の大合併」によって、この間、消防団数は半減（9868→4668）しました。それに比べ消防分団数は、地域事情とのからみもあり、消防団よりも時期的には遅れ、昭和37年から42年にかけて統廃合が活発に行われました。

そして、**図表‐8**に示されるように、消防分団は年々減少しています。

平成16年には、消防団数は3524、昭和36年と比較すると433の減少です。それに対し、消防分団は1万6111も少なくなりました。平成の合併がほぼ終了した平成21年では、さらに進み、平成16年と比べると、1855も少なくなりました。

その結果、1消防分団のカバーする範域は広がっています。とりわけ、都市近郊や過疎地域におけるカバー範域の拡大が顕著です。

都道府県別の動向

1消防団当たりの消防分団数を全国平均で見ると、昭和45年次は「7・7」、60年次は「7・

1」、平成12年次は「7・0」と、漸減傾向を示しましたが、平成の合併により、消防団数が大幅に減少したこともあり、21年次は「9・8」と増加しました。

消防分団の設置については、各市町村の面積、地形、人口密度、さらには歴史的経緯等、いわば、地域の実情に即して決定されるため、消防団員数に比例するものではありません。そのため、都道府県によって、設置される分団数にはかなりの違いがあります。

図表-9のように、昭和45年、60年、平成12年の各年次の動向を見ると、いずれも「5・0〜7・0未満」と「7・0〜9・0未満」に集中しています。それに対して、平成21年次はかなりのばらつきが見られます。「19・0以上」は、茨城、富山、兵庫、長崎の4県を数えます。

図表-9　一消防団当たりの分団数と都道府県数の推移

一消防団あたりの分団数	昭和45年	昭和60年	平成12年	平成21年
〜 3.0 未満	2	2	2	1
3.0 〜 5.0 未満	8	5	5	2
5.0 〜 7.0 未満	8	12	16	1
7.0 〜 9.0 未満	14	18	16	12
9.0 〜 11.0 未満	9	5	3	6
11.0 〜 13.0 未満	4	4	3	5
13.0 〜 15.0 未満	0	0	1	5
15.0 〜 17.0 未満	1	1	1	6
17.0 〜 19.0 未満	1	0	0	5
19.0 以上	0	0	0	4

『消防白書』より作成
但し、統計の関係上、昭和45年次の沖縄県は昭和50年次のを採用している。

一方、昭和45年次に「5・0未満」層は北海道、山梨、岐阜、愛知、滋賀、京都、岡山、佐賀、宮崎、沖縄（昭和50年統計）と10道府県を数えました。このうち、岐阜県、京都府、岡山県は昭和60年次には、分団数がやや増加し「5・0～9・0未満」の階層に属しました。北海道を除いては、いずれも面積が比較的狭いという共通性があります。

平成の合併により、消防団数は直ちに減少したものの、分団の統廃合については、「昭和の合併」と同じようにこれから行われることが予想されます。

2、分団組織と運営

市町村条例における資格条件

消防組織法によれば、消防団員の任用条件については、各市町村条例によって定められることになっており、消防団発足当初は明治27年の消防組施行概則第四条「消防手は年齢満18歳以上の男子にして平素行為粗暴に渉らず身体強壮なる者を選ぶべし」という条項をそのまま適用する自治体が多くありました。しかし、一定の基準を設けるべきであるという意見も多くなり、昭和40年7月1日付の消防庁次長通知により、「消防団の定員、任免、給与、服務等に関する条例」に関して「準則」が示されました。それによれば、消防団員の資格は次のように定められています。

一、当該消防団の区域内に居住し、勤務する者
二、年齢18歳以上の者
三、志操堅固で、かつ、身体強健な者

これらのうち、市町村によって、その違いが多く見られるのは年齢に関する条項です。

加入年齢の下限では、一部に満20歳というものもありますが、準則に示されるように18歳以上が圧倒的多数です。

一方、上限に関しては、準則では特別の定めは設けては

消防団詰所（右）とポンプ置場
（山梨県田富町・現中央市）

いませんが、一般団員については、最近まで定年を30歳代に設定している市町村もありましたが、ここ数年、全国的に、団員不足という事情もあり、条例改正によって年齢の上限撤廃が行われた自治体も少なくありません。

新加入団員と地域社会

「消防団員は、市町村長の承認を得て消防団長が任命する」

消防組織法には、こう記載されています。

これは形式的な手続きを定めているもので、実際は、それぞれの分団からの推薦によって事が運ばれるケースが圧倒的に多いのです。

消防団員になるかどうかは、本人の自由意思です。

再三指摘してきたように、地域社会の変化によって入団適齢者を取り巻く状況は変化しています。消防団員になることが、地域社会はもとより対外的にも一定のステータスであった時代とは、今は明らかに異なっています。

「地域の安全を守る防災リーダーとして、頼もしく感じている」

と各種の調査において、消防団活動の意義を認めながらも、

「仕事消防団活動については、仕事を持ちながらの活動は大変なことである」

という回答は多いのです。

そのため、自ら進んで入団を前向きに考える人は少ないのが実状です。

対照的に、災害ボランティア活動については、

「機会があればやってみたい」

という人は確実に増加傾向にあります。

こうした意識の違いは、消防団活動は「組織行動による個人の制約がある」のに対し、災害ボランティア活動は「個人の裁量によって行動することが可能である」からだと考えられます。

消防団に加入することは、消防団員の行動スタイルから、特定の分団所属（基本的には、自分の居住地や勤務地をカバーする分団）を意味します。そのため、今日なお新規加入に

際して、さまざまな形で該当する「分団」が関わっています。

伝統的な慣習が今日でも生きている地域では、消防団の下部組織と位置づけられる組織（青年団、農業後継者組織など）があり、そのメンバーの中から選ばれています。このような地域では、消防団員不足の問題はさほど深刻ではありません。一方、都市部など慢性的な団員不足に悩んでいる地域では、町内会や消防団ＯＢの働きかけ、あるいは地域内の企業に推薦を求めることなどで団員の加入をすすめています。

今日のような消防団員不足の状況にあっても、本人自らが進んで消防団への加入を申し出るケースもあります。その場合、当人の居住歴が短いときは即入団オーケーとはならず、当該地域社会における一定期間の生活態度や行動実態などにより、入団の可否が決定されます。入団決定には、分団員はじめ行政区長や消防団ＯＢの意見が大きく左右します。

消防団員の補充に苦しんでいるとはいえ、消防団の地域社会における位置づけから、消防団員としての資質の見定めが行われています。

消防団員としての資質、

『志操堅固』

という条項のクリアが求められているのです。

教職にあって消防団活動をしているSさんの話を紹介します。

宮城県仙台市青葉区に住むSさんは、教職歴30年を超えたベテラン教員です。消防団入団は平成5年。教職という地方公務員の身分にあり、消防団という特別職の地方公務員になるという例は、入団当時は県内ではまれでした。

入団に際して校長先生に話したところ、「消防団活動はボランティア活動だから問題はないと思うが、県教育委員会に話してみましょう。いずれにしても、学校の公務には支障のないように心がけなさい」との話があったそうです。

消防団員になる以前、消防団活動として目にしていたものは、「町内会主催の夏祭りの花火大会の危険防止の警備活動」「8月下旬から9月半ばにかけて、特別点検のための夜間練習」などでした。そのような光景を見るにつけ、自分たちの住んでいる地域を守っていてくれる存在である、という思いを持ち続けていたといいます。そして「自分はここに住み続けるのだから、少しは地域の人たちの役に立つことをしたい」という考えが、入団を決意させました。

入団してよかったこととして、次のようなことを挙げてくれました。

- 構成メンバーが公務員、自営業（酒店、米穀店、木工店、自転車店）など多種多様であり、いろいろな職業の人たちと話をすると気付かされることが多く、本業にプラスになるだけでなく、視野も広くなった。
- 火事をはじめ、災害の本当の怖さがわかるようになった。
- 地域に多少なりとも役立っているという実感がわいてきた。
- 自分の好きなソフトボールを他の団員の人たちとできる。
- 職場で、消防活動で得た知識を生かすことができる。
- 積載車で広報活動をしている際、「ご苦労さまです」と声をかけられたときは、「自分も地域の役に立っている」と実感できてうれしい。

Sさんはこれまでの消防団活動を振り返って、次のような感想を述べてくれました。

「消防団は職業ではありません。しかし、自分たちの住んでいる地域社会は、所定の税金を払い、割り当てられた一定の役割を無難に果たせば、それでいいということにはならないということを、消防団活動を通じてわかりかけてきたように思います。たしかに、仕事の忙しさと消防団活動が重なったときはつらいと感じるときもあります。でも、それも一定の時間です。分団の仲間と一緒にすごす時間の楽しさを考えると、この頃は、さほどつらさを感じなくなってきたように思います」

地域差はありますが、1分団の人員は20～30名程度です。

いずれの分団においても、ほぼ共通する1年間の主な行事としては、1月の出初式、3月の春の防火査察、7月の消防操法大会練習、8月の消防訓練、11月の秋の防火査察などがあります。行事の当日はもとより、その前後の準備及び後始末を考えれば、少なくとも

20日以上は出動することになります。これらに加えて、分団の実状に応じて、各種の地域行事の警備活動、強風時の防火予防活動、年末年始の巡回、林野火災防止活動、さらに水防活動なども行われます。

最近、分団によっては、メンバー間の情報交換を行うために、月1回の定例会を開いているところもあります。そこでは、市町村消防団本部からの指示事項の徹底や機械器具点検、各種行事の参加者の確認などが行われます。

平成20年中の消防団員の活動は、図表-10のように多岐にわたります。そのうち、消防団員の出動延べ人数が最も多いのは「演習訓練」であり、「特別警戒」「火災」と続きます。

市町村消防団条例によって、市町村の消防団員の服務規程は定められていますが、分団の規約に関する条項はありません。「これまでやってきたことに不都合はないので、あえて堅苦しい規約の必要はない」という意見が多いのです。市町村消防団条例において、消防団員の遵守義務のひとつに「上司の命令のもとに上下一体事に当たらなければならない」という項目があります。これが消防分団においても行動指針の基軸をなすものであり、災害現場はもとより分団内のあらゆる場面に適用されます。しかし、このことに対して新入団員からはお互いに意見を出し合い分団の取り決めを行うべきだ、という指摘もあります。最近では、分団独自の目標とすべき内容について、申し合わせが行われる傾向が見られます。

東京都豊島消防団第七

図表-10　平成20年中における消防団員の出動状況

（単位：回、人）

区　分		出動数等	構成比（%）
火　災	回　数	43,448	7.4
	延人員	1,200,854	11.7
救　急	回　数	705	0.1
	延人員	2,003	0.0
救　助	回　数	1,150	0.2
	延人員	13,442	0.1
風水害等の災害	回　数	2,772	0.5
	延人員	93,084	0.9
演習訓練	回　数	201,630	34.3
	延人員	4,770,207	46.3
広報・指導	回　数	86,828	14.7
	延人員	954,744	9.3
警防調査	回　数	15,029	2.5
	延人員	169,942	1.6
火災原因調査	回　数	26	0.0
	延人員	1,419	0.0
特別警戒	回　数	75,473	12.8
	延人員	1,399,163	13.6
捜　索	回　数	2,528	0.4
	延人員	96,680	0.9
予防査察	回　数	4,264	0.7
	延人員	37,376	0.4
誤報等	回　数	4,748	0.8
	延人員	63,726	0.6
その他	回　数	150,913	25.6
	延人員	1,503,698	14.6
計	回　数	589,514	100.0
	延人員	10,306,338	100.0

『平成21年版　消防白書』より作成

分団では、分団の基本方針として次のような項目を掲げています。

分団活動の実態と規則

1. 分団員としての自覚
同じ地域に生活の基盤を持つ者どうし、仲睦まじく暮らす。
分団活動に参加する際は、「規律厳正にして志気高揚」を常とする。

2. 安全確保
災害発生時こそ冷静沈着を心掛け、自らが要救助者とならぬよう、自己の安全に留意する。

3. 訓練参加
訓練には積極的に参加し、「誰がする」ではなく「自分がやります」という気概を忘れない。「何の為の訓練」かを理解の上に参加し、想定訓練後は応用効果を図る。

4. 地域活動

町会の防災訓練に於ける指導、年末警戒、祭祀警戒などで、市民の安全と安心に寄与する。

5. ポンプ操法
常に優勝を目指す訓練計画を練り、選手たるは訓練に遅刻することなく生業・家庭を犠牲の覚悟で、後方支援隊はすべて選手の為に一丸となり、血気盛んに挑む。
（参加することに意義はない、優勝することにのみ意義がある）

6. 操練
全団員が体験し、基本動作を身につけることで規律・節度ある実動作を会得する。

7. 月例会議
分団長以下幹部らの本団・署よりの伝達事項を周知徹底すると共に、機材点検を怠らない。

消防団は、上部組織の命令に忠実に従うことが伝統的に行われてきたことから、分団独自の約束事は必要でなかったということはありますが、外部の者からすれば、旧態然とした組織であるというとらえ方をされることは多いものです。以前とは違って、分団詰所に、分団独自の約束事（集合時間の厳守、出欠の連絡、今後の日程など）を掲げているところが増えています。

団員の階級と表彰

市町村消防団の組織は、団本部を頂点として、下部機関として支団―分団―班（支団は団の規模によって設置される）という体制が採られています。団本部は消防団によっても多少異なりますが、消防団長、副団長、各分団長、そして分団部長から構成されます。

消防団員の階級は、昭和39年消防庁告示第五号によって、団長、副団長、分団長、副分団長、部長、班長、団員の7階級に区分されました。分団の階級については、基本的には入団歴に応じて決められます。

それぞれの階級の役割については、消防組織法の第20条第2項「消防団長は、消防団の事務を統括し、所属の消防団員を指揮監督する」及び第21条「消防団員は、上司の指揮監督を受け、消防事務に従事する」を受けて、市町村の「消防団の組織及び消防団員の階級等の規則」によって定められます。

消防団長の任命は、それぞれの消防団の推薦により市町村長が行い(消防組織法第22条)、選出は、各分団長会議の推薦によって行われます。消防団長は消防団員歴の長さとも関係しますが、消防団の予算獲得、あるいは消防団の代表として、他の役職を兼任することもあるため、現職や元職の市町村議会議員が就任するケースも少なくありません。そのことからして、消防団長は市町村長と並ぶ「地域の顔」でもあります。

消防団活動は、明治以来、国家によって国民のための「奉公」かつ「犠牲的」な活動と考えられてきました。消防団発足以後も日本国憲法に規定された栄典としての叙位、叙勲及び褒章をはじめとして、内閣総理大臣表彰、総務大臣表彰、消防庁長官表彰、日本消防協会や都道府県消防協会などが行う表彰、退職団員報償など、かなり広範囲にわたって、個人並びに団体に対する表彰制度が設けられています。

各分団詰所には、分団が授与された表彰状や記念祝賀会の際の記念写真が所狭しと飾られています。分団員にとって、それらは分団の歴史を知るとともに、活動の励みともなっています。また、個人が受賞した表彰状は、それぞれの家の床の間に飾られ、親類縁者が集まり先祖のルーツが取り上げられる際には、必ずといっていいほど話題として持ち出されます。

これらの各種消防団表彰は、国家と団体や個人を直に結びつけるものであり、当該の地域社会にとっても今日なお大きな名誉と考えられており、自治体挙げて祝賀会行事が開かれることもあります。

平成以降、生存者叙勲として消防団関係の対象者は、例年1000名を超える受章者を数えています。

３、各市町村の消防団予算と地域補助

消防予算の推移

消防組織法第８条によれば、「市町村の消防に要する費用は、当該市町村がこれを負担しなければならない」と規定されています。消防団費用の当該自治体の負担の原則は、自治体消防のひとつの理念でもあります。

市町村の普通会計決算額に占める消防費の割合は、年度によって多少のバラつきはあるものの、ほぼ３・５％前後で推移しており、この割合は明治以来ほとんど変わっていません。支出項目の主なものとしては、人件費が全体の約75％前後と圧倒的に多く、物件費、普通建設事業費と続いています。人件費の内訳は、消防団員の出動手当や退職報奨金及び年額報酬が大部分を占めています。

地域からの援助

消防団は、「地域社会のための犠牲的奉仕活動の担い手」という考え方が伝統的にあり、消防団活動に対して、経済的補助を行っていることも少なくありません。終戦後間もない昭和24年に宮城県七ヶ宿村関区では、契約講で次のような決議を行っています。

1. 経費トシテ金弐千円補助スルコト
2. 夜警用ニ要スル木炭ハ各戸ニ戸当リ炭一俵提供スルコト
3. 夜警用ハ警防団員に監督ヲ一任スルコト　四月一日ヨリ実施スルコト
4. 消防後援団体ヲ結成スルコト　加入者ハ二拾才以上四十才迄ノ男子ヲ有スル家族一世帯ヨリ一名トス
5. ガソリン即筒修理ヲ実施スル費用捻出ハ有志者ノ寄附ト村補助トシ不足ヲ生ジタル場合ハ字(あざ)費ヨリ支出スル事

自治体の多くは、消防団に対して、経済的支援を行う消防後援会を組織しています。宮城県鹿島台町（現大崎市）においては昭和31年4月1日に組織され、次のような規約も定められています。

「本会は鹿島台消防団の運営を助成し、消防団の活動を積極的に後援する」（第四条）ことを目的とし、具体的な事業としては次の三点が取り上げられました。

一、消防団の運営並びに消防団の活動に必要な経費を助成すること。

二、防火思想の普及徹底を図ること。

三、その他目的達成上必要と認めること。

消防後援会は、市町村レベルで組織されていますが、それとは別に町内会や地区レベルにおいても、当該分団に対して金銭的、あるいは物的援助を行っているところもあります。その場合、町内会の一機構として消防後援会が位置づけられ、非常時の出動をはじめ出初め式や消防演習の際には、飲食の準備も行われます。また恒例の出初式や消防演習の際に、各戸から一定金額の寄付を徴収しているところも見られます。

第4章　女性消防団員の誕生と役割

1、女性消防団の先例と増員対策

女性消防団の先例

戦前から女性消防団員は存在しましたが、明治27年の「消防組施行概則」の第四条に「消防団員は満18歳以上の男子」という条項があったことから、正式な消防団員として原則的には認められていませんでした。

戦後、消防団員の任用は市町村条例によって定められており、その条例には「男子」という文言は見られないものの、「身体強健な者」との項目が付与されていることが多く、女性消防団員数はかなり限定されたものでした。女性団員について全国規模の統計数値が示されるのは、平成2年以降です。ただ、昭和20年代には、女性消防団員として登録されていた事例を確認することができます。

その一例として、昭和26年10月に組織された熊本県津奈木町平国消防団の成立の経緯と主な活動を概観していきます。

津奈木町の福浜地区は海に面しており、昔から漁業の盛んな地区であった。当時は漁業の最盛期で、男性のほとんどが出漁し「残された老人・子どもを火災や災害から守れるのは自分たちだ」と自ら立ち上がり、平国（ひらくに）婦人消防団が既婚者をもって、翌27年3月には赤崎婦人消防団が未婚者をもってそれぞれ組織された。しかし、昭和33年4月には既婚者を含めて再編成され、両婦人消防団とも消防活動等に励み、火災予防に貢献した。その後、赤碕婦人消防団については、団員確保等の問題で昭和43年に解散し、現在は平国女性消防団のみが活動を続けている。分団は分団長以下25名の女性消防団員で編成され、男性団員と同様の扱いを受けている。

火災や災害時には男性団員とともに現場に出動し、平常時には、防火思想の普及促進と啓蒙活動を行っている。さらには消防点検時の規律訓練、ポンプ操法訓練、消防署を通じた学科教育を受講している。

（津奈木町役場資料一部要約）

津奈木町のように、地域の男性の多くが出漁や出稼ぎの関係で長期間にわたって家を留守にするような地域では、女性消防団が組織される例は岩手県や山形県でも早くから見られました。ただ、婦人消防協力隊や婦人防火クラブなどのような消防団を側面から支援する組織は多数ありましたが、女性消防団員はそれほど多くはありませんでした。

女性消防団員の増加対策

女性消防団員数は昭和43年には3100人でしたが、その後漸減し、昭和61年には1225名となりました（『女性消防団員確保事業に関する報告書』平成4年3月　日本消防協会）。昭和59年、消防庁が「消防団活性化対策」の一環として、女性消防団員確保対策に力を入れるようになったこともあり、昭和63年には１４０７人と増加に転じました（同上１p）。

図表-11からもうかがえるように、平成２年以降、女性消防団員数は着実に増加しており、平成21年現在では１万７８７９人。年平均で、７００～８００人、平成21年は、20年と比べて１１８０人増加しました。

平成21年においては、東京都と北海道の二つの自治体がいずれも１８００～２２００人を超えており、この二つで全体の４分の１程度を占

図表-11　女性消防団員数の推移

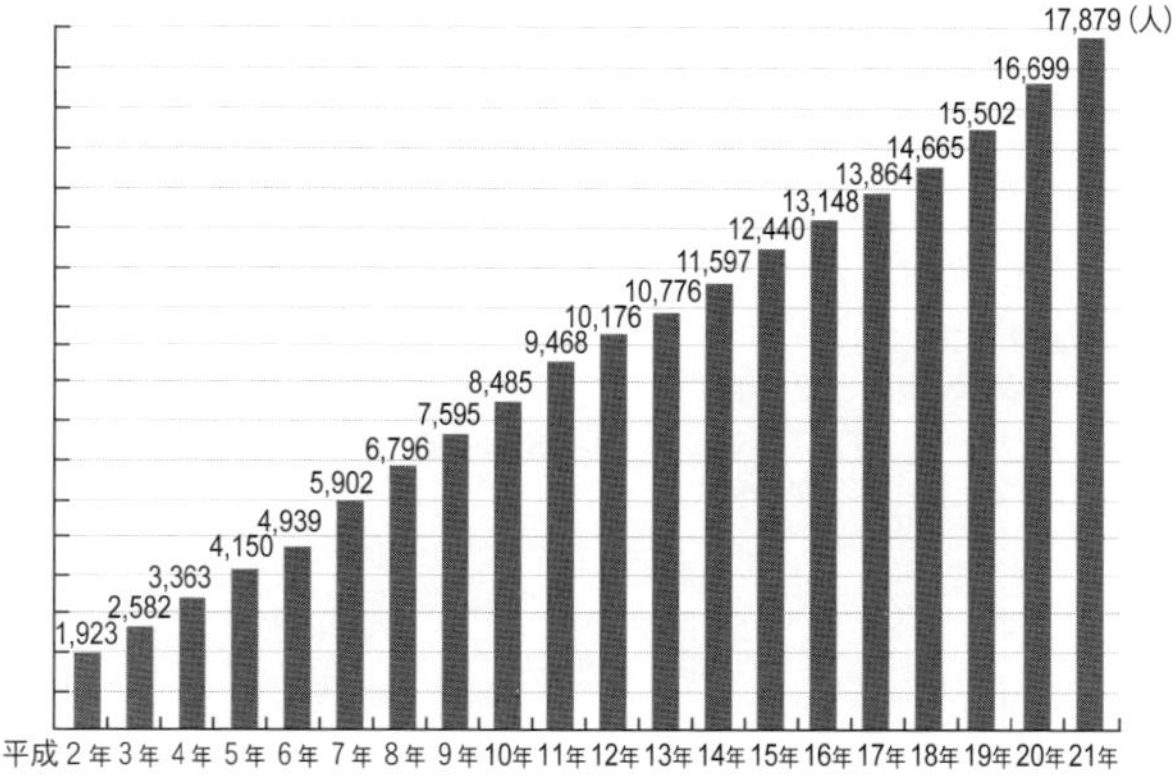

『消防白書』より作成
（各年４月１日現在消防庁調べ）

めています。それに続くのが神奈川、長野、福岡の3県です。

都道府県別女性消防団員を人数別に見たのが図表-12です。平成15年、20年のいずれでも100～300人未満層が最も多くなっていますが、平成20年では、500人以上の階層の増加が目立ちます。

女性消防団員の増員対策が本格的に動き出すのは、消防団員の減少に歯止めがかからず、100万人を割るという状況となった昭和50年代後半からです。昭和59年、消防庁は消防団員確保の柱の一つとして女性の積極的な加入を掲げました。

昭和63年3月8日付で、日本消防協会は「女性消防団員確保事業」を推進するために次のような「決議文」を採択しています。

図表-12
平成15年次と20年次における都道府県別女性消防団員数

人数	平成15年次	平成20年次
50人未満	4	3
50～100人未満	8	5
100～300人未満	21	18
300～500人未満	10	14
500～700人未満	1	3
700～900人未満	1	1
900～1100人未満	0	1
1100人以上	2	2

日本消防協会資料より作成

決議文

日本消防協会代議員会・都道府県消防協会長の総意に基づき、女性消防団員の確保に関し、次のとおり決議する。

わが国の消防団は、地域社会における消防防災の中核として重要な役割を果たしているが、近時の高齢化社会の到来と複雑多様化する災害に対処するためには、その活動にあたり、人間性に満ちたよりきめ細かな思いやりが必要となってきている。

これらの消防団に対する要請に的確に応え、更に安全な地域社会を築くためには、女性の特性を生かした消防団活動の充実が有効である。

よって、日本消防協会では、昭和63年度中にも女性消防団員10万人の確保を目標として特段の努力を傾注することを決議するとともに、政府、地方公共団体その他関係団体におかれましてもこの目標を達成するため積極的に取り組まれるよう強く要望する。

昭和63年3月8日

この決議文において重要なことは次の二点――。

第一は、女性消防団員の確保のために、消防団関係のみならず政府挙げての取り組みが必要であり、当面の目標として10万人の確保を目指すこと。

第二は、消防団活動の内容が大きく変化する状況においては、女性消防団員の確保は時代の要請であること。

この決議文を機に、図表-13に示されるように、消防庁や日本消防協会はさまざまな委員会を設置し、具体的な対策に乗り出しました。

特に注目しなければならないのは、阪神・淡路大震災直後の平成7年4月に組織された、「女性消防団員活動調査研究委員会」です。

同委員会の実施したアンケート調査によれば、女性消防団員の効用として、「消防団に新風を吹き込むため」「消防団のイメージをソフトにするため」「女性の方が効果の上がる業績の増加」などが指摘されました。

昭和50年代頃から、高齢化社会における問題点が本格的に議論されはじめ、とりわけ福

図表-13　女性消防団員増加対策の経緯

年　月　日	関係機関名	項　目
昭和 59年12月　1日	自治省消防庁	「消防団活性化対策検討委員会」の設置
63年　3月　8日	日本消防協会	女性消防団員確保事業 1　都道府県消防長会及び理事会の議を経て代議員会において正式決定 ・決議文 2　関係機関等への要望
3月20日	日本消防協会	「女性消防団員の確保について（要望）」 日本消防協会から各市町村長あて通知
8月　1日	日本消防協会	女性消防団課を業務部内に設置
9月　1日	日本消防協会	「女性消防団員確保対策委員会設置要綱」の施行
9月20日	日本消防協会	「第一回女性消防団員確保対策委員会」の開催
11月29日	日本消防協会	「第一回女性消防団員制服等専門委員会」の開催
平成 元年　8月　7日	自治省消防庁	「女性消防団員の能力を活用した消防団活性化方策検討委員会」の設置
2年11月　7日	日本消防協会	「女性消防団員の確保について（要望）」 日本消防協会から関係機関等へ再要望通知
3年10月29日	自治省消防庁	「消防団員の教育訓練の充実強化検討委員会」の設置
11月　7日 ～8日	日本消防協会	「第一回女性消防団員中央研修会」の開催

（財）日本消防協会女性消防団員確保対策委員会編
『女性消防団員確保事業に関する報告書』（平成４年３月）

祉問題がさまざまな角度から取り上げられるようになりました。消防団においても、それらの問題は新しい地域問題化しはじめた時期で、昭和63年の決議文に見られる「細かな思いやり」の具体化であり、一人暮らしの高齢者の訪問、救急救命の必要性が緊急の課題として浮上しました。それとともに、阪神・淡路大震災以降のボランティア意識の高まり、さらには消防団活動の有効性がメディアを通じて報じられたことが、女性消防団員の増加につながりました。

平成8年10月に結成された奈良県橿原市第10分団中平えり子分団長は、入団の動機を次のように語っています。

市政だよりで、女性消防団を募集していることを知りました。私の場合も阪神・淡路大震災がひとつのきっかけです。姉が宝塚市に住んでいて私も難儀して訪ねたりしたので、やはり自分なりになにか役に立てることがあればという気持ちからです。話をしてみると、みなさん、そういう方だったようです。

(『近代消防』 平成12年5月号)

2、女性消防団の役割

女性消防団のイメージと活動実態

消防団は伝統ある防災組織とはいえ、その活動内容や組織運営からして、女性にとっては比較的距離のある存在という思いを抱く人も少なくありませんでした。

静岡県沼津市では、平成6年の第一回「全国女性消防団員活性化シンポジウム」の開催地に選ばれたのを機に、「紫明隊」と名づけられる女性消防団が誕生しました。

当初は行政主導の組織でしたが、その後、一般公募によって自発的に参加した主婦層が中心となって運営されています。また、近年女性消防団員の増加が著しい愛媛県においても、平成15年に全国大会が開催されたことを機に女性消防団員が増加しています。

消防団＝男性組織という既成概念が強かったことは否定できませんが、全国女性消防操法大会出場や各種のシンポジウムなどが、女性自身が消防団に対して新たなイメージを抱く契機となっています。

女性消防団員の活動内容の主なものは、救急・救護活動、防災、消火などに関する一般住民に対する啓発活動、各種イベントにおける広報活動、家庭や事業所等に対する防火訪問などが挙げられます。

平成15年11月から12月にかけて、全国683消防団を対象に実施した女性消防団員確保に対するアンケート調査結果（「地域防災体制の充実強化に向けた消防団員確保の在り方について」報告書より）から導き出される主要な点を列記しておきます。

・女性入団に際して効果的な取り組み

「グループ入団の勧誘」「婦人会、町内会、自治会及び商店会等を通じて勧誘」の二つが37・6％と最も多く、個人よりは団体を対象とした勧誘のほうが有効であると考えられています。ただ、実際には、個人レベルの勧誘で入団したケースが多数でした。男子消防団員と同じように、消防団員やOBがさまざまな人的ネットワークを通じて勧誘するほうが実効性があがるという結果でした。

全国的には、女性消防団発足当初は、婦人防火クラブ、幼稚園のＰＴＡ、農協婦人部などの各種団体、さらには事業所への働きかけによって人員確保が行われることが多いようです。

・消防団入団の理由

「消防団員からの勧誘」が圧倒的に多く、「消防団活動に興味」、「友人といっしょに」と続きます。勧誘に際しては、消防団員との地縁血縁、同じ趣味のサークルといった関係をベースとして行われていることがうかがえます。また消防団活動が目に見える形で行われていることも、入団促進の大きな材料となっています。

・消防団活動の魅力

「消防団員間の連帯感」と「地域防災活動としての住民の信頼感」「ボランティア活動の達成感」の三項目の割合が高くなっています。

・女性消防団員が抱える問題点

「団員が少ない」が、かなり高い割合を示しています。この点は男性消防団員と同じです。それに続く「活動機会が少ない」「教育機会が少ない」という二つは、女性消防団の活動内容と関係するものであり、これらをいかに具体化するかが今後の課題となっています。

女性消防団員にとっては、入団時の消防団に対するイメージが男性消防団員と比べてかなり幅があるため、入団後の活動とのギャップに戸惑いを感じる人が少なくありません。「消防訓練の少なさに不満」と主張する団員がいる一方、「福祉関係にもっと重点をおくべき」と指摘する団員もいます。

女性消防団員Nさん（仙台市在住　40歳代前半）

彼女が所属する仙台市泉消防団南光台分団（定員30名）は、現在女性団員は4名。職業を持ちながらの活動は時には厳しく感じられることもあるが、活動が自分を取り戻す場にもなっているといいます。

入団は平成16年5月。職場の同僚から消防団活動の話を直接聞いたり、分団員の旅行の写真を見せられているうちに消防団活動に興味を持ち、入団を決意するにはそれほど時間はかからなかったといいます。それまでは、消防団は農村部にだけあるもので、仙台市のような都市部にはないと考えていました。平成17年の出初式の際に制服を着用して初めて行進したときは、かなり緊張をしたと言います。若い時分にガールスカウトを経験しており、仲間の存在の大切さはいつも感じていました。

災害発生時を除いて、正月のどんど祭や地区の夏祭りの特別警戒、火災の多い冬と春の夜間広報活動、11月の火災予防運動期間中の地区内戸別のビラ配布、そして救急救命の講習会への参加、分団の全体会議などが１年間の主なスケジュールです。

入団して７年、消防団活動について次のように話されていました。

「入団前、私は消防団についてはほとんど知りませんでした。入団を機にＡＥＤ（自動体外式除細動器）の操作や救急の知識を得ることができ、また以前よりは地域の方々と話をする機会が増えて、地元意識が強くなった気がします。そして、最も大きい喜びは、一つの目的に向かって一緒にやれる仲間ができたことです。」

3、所属分団の類型化と10万人体制の確立を

所属分団の3類型

女性が入団する場合、どの分団に所属するかは重要な問題です。男性は基本的には居住地の分団に所属するのが一般的ですが、女性の場合は、ほぼ次のような三つのタイプに分けられます。

・I型／本部（分団）所属型

本部（分団）は、消防団長、副団長を中心に組織されており、消防団の中枢に位置づけられます。このタイプでは入団後は本部所属となります。

主な仕事としては、火災予防週間の広報活動、市町村レベルで行われる各種消防団行事の際の受付・接待が中心です。最近では、救急救命講習会の講師を務めることもあります。これらとは多少意味合いが異なりますが、女性団員の加入を機に、音楽隊やマーチングバンドが組織されるケースもあります。また自分の住んでいる地域で火災が発生

したときは、地域住民からの問い合わせへの応答も行い、地元分団員の補助的な役割を担うこともあります。

・Ⅱ型／地元分団所属型

自分の居住地域の分団に所属し、男性分団員と同じ役割を担うケース。

分団では女性分団員の加入により、これまで以上に高齢者や一人暮らし老人の訪問など福祉関係との関わりが強くなる傾向が見られ、消防団のイメージを大きく変える要素ともなります。その結果、地域住民からは「消防団がより身近な存在となった」という声も聞かれるようになりました。問題点は、施設・設備の面で女性団員を受け入れる条件が整っていない分団が多いことです。

・Ⅲ型／女性分団所属型

女性団員だけの分団組織。

以前は、男性が仕事の関係上、長期にわたって不在となる地域で結成されるケースが多かったタイプです。平成16年以降は、機能別集団として位置づけられ、全国的にも増加する傾向が見られます。機能的にはI型とほとんど変わりません。特定の地域分団というよりは、自治体全域をカバーしていることが多く、災害発生時には後方支援が中心になります。

10万人体制を目指して—女性分団の設立

平成以降、女性消防団員は増加傾向が見られましたが、10万人体制の確立という当初の目標達成は厳しい状況にあります。その促進を図る意味において、平成16年2月19日付消防消第38号により、「消防団への女性の入団促進について」という文書が、各都道府県消防防災主管部長あてに通知されました。

1. 女性消防団員を確保していない消防団については、その原因を把握するとともに、その確保に向けて適切な助言を行い、市町村ごとに消防団員総数の少なくとも1割の女性消防団員の確保を図ることを目標として、入団促進に取り組むこと。その際、市町村、消防本部及び消防団が連携協力して活動環境の整備、広報・啓発活動の充実促進等を推進すること。

2. 女性消防団員を新たに採用する消防団にあたっては、現消防団員の果たしている役割を考慮し、消防団を充実強化するため、条例定数の増加を図ることが望ましいこと。

3. 防火診断、火災予防広報、社会福祉施設等における防火啓発、自主防災組織の指導及び応急手当の普及指導活動等については、女性消防団員も積極的に活用すること。

4. 婦人防火クラブの活動が活発な地域であっても、消防団と自主防災組織が地域防災において果たすべき役割が異なることを認識し、女性の消防団への入団を積極的に推進すること。

平成13年度以降、消防庁の実施している「消防団地域活動表彰」の対象となっている女性消防団は、ポスターやチラシによる広報活動、独居老人宅訪問、応急手当の指導、紙芝居による防火啓発活動など、これまでの消防団のイメージを変える要素を持つ活動が展開されています。

女性団員の消防団員確保アドバイザーの起用

消防団員の確保を図るため、消防庁は平成19年4月1日に「消防団員確保アドバイザー派遣要綱」を定めました。それぞれの消防団を取り巻く問題について、それらに長年にわたって関わってきた現役消防団長や元団長、消防職員を中心としてアドバイザーに任命し、問題解決のヒントを得ることを主な目的とした制度です。平成19年5月時点で、委嘱されたのは32名。任期は2年。全員が男性でした。平成21年に新たに任命されたメンバー37名、うち女性12名（副団長、分団長、部長、班長、隊長、団員）が加わりました。女性消防団員が増加しているとはいえ、目標とする10万人には程遠い数です。女性の消防団員確保アドバイザーの起用は女性団員の増加対策の取り組みとして大いに注目されます。

応急手当講習会講師
（奈良市女性消防団）

奈良市女性消防団

平成20年4月に奈良市消防団活性化対策等検討委員会が発足し、消防団員の減少や高齢化問題について本格的な検討が開始されました。女性消防団員の導入が正式に決定されたのは同年10月でした。定員は40名。団員募集のためのチラシ配布、市民だよりでの呼びかけ、市のホームページで募集案内等が行われました。募集期間は比較的短かかったものの、39名が応募しました。女性消防団の加入にあたっては、消防団員不足を補充するという側面があまりに強く出ることもあり、加入後の女性団員の方向づけについては明確な方針が立てられていないことも少なくありません。奈良市は、事前に女性消防団の役割を明確にし、各種の研修制度をプログラム化したことに注目しなければなりません。「ジャンボ紙芝居」「カラーガード隊演技」「応急手当の指導者」を中心

奈良市女性消防団入団式

として、各種行事に参加しており、消防団のこれまでのイメージを大きく変えつつあります。それは、消防団と市民との距離感を縮小させることにつながることは言うまでもありません。

第５章　阪神・淡路大震災における消防団活動

1、神戸市消防団活動の概況

時系列的な動き

平成７年１月17日(火)午前５時46分、淡路島北部を震源とする兵庫県南部地震（以下「阪神・淡路大震災」）が発生。地震の規模はマグニチュード7・3、震度７（平成13年４月23日、気象庁発表）の直下の地震でした。この地震による死者は６４３４人、負傷者４万３７９２人、全壊及び半壊棟数は24万９１８０という大災害をもたらしました。

地震直後の午前５時53分に神戸市長田区内で火災が発生、その後20分以内に神戸市内では35件の火災発生通報が寄せられました（『阪神大震災全記録』）。周辺のほとんどの市町村において、午前6時半から8時にかけて災害対策本部が相次いで設置されました。

尼崎市消防団の動きを見ていきます。

5時46分　消防団員は自主参集で分団器具庫に集結

　※各消防分団は活動開始

6時10分　尼崎市防災第1号指令発令

6時20分　尼崎市災害対策本部消防部を設置（防災センター3階）

　消防団本部開設（防災センター5階団長室）

7時30分　消防団長に報告／消防団員招集、活動指令

10時00分　消防団地区本部開設

16時00分　消防団長に経過報告／分団毎の被害及び活動状況

　※18時10分　日本消防協会応援隊　尼崎市消防局に到着

23時55分　消防団長に経過報告

火災出動、救助、救出活動ガス漏れ警戒出動／消防団車輌23台、人員116名
広報・警戒・調査活動／消防団車輌14台、人員74名
（『尼崎市消防局資料』）

長田消防団の活動

神戸市内には「11」消防団があります。11消防団の、この大震災における出動回数は図表-14のようになっています。1月17日から2月8日までの3週間における出動回数合計は3万6346回。消防団員の多くも被災者だったことから出動できない消防団員もいましたが、復旧作業の進展とともに消防団体制はしだいに整えられ、2月1日から8日までの8日間で、1月17日から31日までの15日間とほぼ匹敵する出動者数を数えています。

神戸市消防団による救助人数は958名、うち生存者は819名（生存率85・5％）。救助人数が391名と最も多く、全体の約4割を占めたのが長田消防団でした。

長田消防団は第１分団から第８分団に分かれており、定員は１６０名（当時の団員数は１５６名）。長田消防団における大震災発生当日の出動回数及び救出者数状況は、**図表-15**のようになっています。

続いて、１月17日から２月28日までの期間に、出動団員数は**図表-16**に示されるように延べ３６４１人、１日平均で約85人でした。地震発生から１週間の平均の延べ人数は１９２人で、

現在の神戸市長田消防署前

図表-14　神戸市消防団の出動回数（1月17日～2月8日）

団　名	1／17～31	2／1～8	合　計
東　灘	2008	2385	4393
灘	1794	1921	3715
葺　合	1233	849	2082
生　田	2194	1850	4044
兵　庫	1558	397	1955
北	2721	2749	5470
長　田	2209	1177	3386
須　磨	1399	839	2238
垂　水	686	140	826
西	3449	3661	7110
水　上	502	625	1127
合　計	19753	16593	36346

神戸市長田消防団『長田消防団祈りの足跡』より

その後は数日を除いて二桁台に減少しました。

発生直後から５日間の主な活動内容は「人命救出救助」「消火活動」「被災者の支援活動」「交通整理」であり、特に人命に関わる「救助」と「消火」の二つが中心でした。その後の２週間は「消火活動支援」「管内警戒パトロール」「被災者支援活動」であり、さらに震災から一ヵ月経過以降は、「管内警戒パトロール」「被災者の支援活動」と、復旧状況に応じて活動内容は変化していきました。

図表-15　平成７年1月17日の神戸市長田消防団の出動回数と救出状況

団　名	定数	出動回数	救出者数
団本部	5	4	8
第１分団	29	21	10
第２分団	15	8	21
第３分団	15	11	59
第４分団	19	5	33
第５分団	21	20	75
第６分団	18	17	49
第７分団	15	15	56
第８分団	18	16	80
合　計	155	117	391

注）上記数字は、活動アンケートを集計したもの（回収率75％）
（救出者391名の内24名が死亡）
神戸市長田消防団『長田消防団。祈りの足跡』より

図表-16　長田消防団員出動状況（1月17日～2月28日）

月　日	延べ人数（人）
1.17	306
1.18	306
1.19	203
1.20	218
1.21	116
1.22	116
1.23	83
1.24	68
1.25	76
1.26	76
1.27	83
1.28	129
1.29	129
1.30	115
1.31	75
2. 1	109
2. 2	81
2. 3	98
2. 4	55
2. 5	36
2. 6	50
2. 7	51
2. 8	56
2. 9	76
2.10	62
2.11	63
2.12	60
2.13	52
2.14	45
2.15	49
2.16	44
2.17	49
2.18	41
2.19	49
2.20	43
2.21	52
2.22	45
2.23	49
2.24	44
2.25	49
2.26	41
2.27	49
2.28	44
延べ人数合計	3,641 人

神戸市長田消防団『長田消防団。祈りの足跡』より作成

2、消防団員の手記から

新聞記事が伝える消防団員の活躍

平成7年3月19日付の読売新聞は「被災に負けず３６７人救出／長田の大火／見せた消防団魂」という大見出しで、次のように報じました。

救出者の数は長田消防署の調べでわかった。消防団本部と八消防分団の計百五十六人は震災後、ほぼ全員が出動。一月十七日だけで、同本部分（八人）を含め三百六十七人を救出、死亡者二十四人を搬出した。

助かった人が最も多かったのは第八分団。八十人に上った。火災がひどかった大正筋商店街があり、団員十八人のほとんどが震災直後から、自宅や工場から持ち出した小型ジャッキやバールを使って、倒壊家屋にすき間を設け、下敷きになった住民を次々と助け出した。

団員らはいずれも被災、うち八人は自宅が全焼、全壊するなどしていたが、そのまま活動を続けていた。

第七分団は、団員一人が崩れた家の下敷きになり亡くなった。他の十五人はJR新長田駅周辺に出て、家屋が炎に包まれる直前に五十六人を救出した。活動は個別に続けられ、後になって仲間の死を知った団員が多かった。
第六分団の十八人は、被害の集中した同区御蔵通周辺で、近所の人といっしょになって四十九人を助けた。（以下略）

消防団活動の開始

阪神・淡路大震災においては、消防団員の多くは被災者でもありました。災害発生時には家族の安否確認後は、消防団の一員としての任務に取りかかっています。被災者の生死を大きく左右するといわれる被災発生からの3日間、消防団員は必死の救助活動を続けました。

自分自身がけがや死と隣り合わせの状況下にもかかわらず、いかに消防団員が活動をしたか、また地域の人たちとの関わりについて、消防団員の手記をもとに再現してみます――。

・［事例Ａ］

頭から血が流れるのを感じ、けがをしたのを察知。幸い傷の程度も軽く、妻子に近所の母親の様子を確認に行ってもらい、下の子にけがの処置をしてもらってからすぐに団服に着替えた。家族の安心を確かめて、タオルを頭で押さえヘルメットをかぶり外に出る。

（『長田消防団　祈りの足跡』）

・［事例Ｂ］

家族をそのまま家に残す。「落ち着け、もうすぐ明るくなる。それまでに着る着物を身につけ、ケガをしないよう靴下を厚めにはいておけ」。そして、自分のみ脱出。「消防団員はすぐ集まれ！」間髪を入れずに助けを求める声。靴とヘルメットを取り出しにくずれた階下にもぐり込む。表に出たとたん次から次へ救助を求める声。家族よ許せ！

（『長田消防団　祈りの足跡』）

消防団員の多くは、災害発生という非常事態に遭遇したとき、

「自分は消防団員である」

という自覚・使命感が頭をよぎったといいます。


「消防団員にとっては、一旦家を出た瞬間に、消防団という組織の一員としての行動が当然期待され、それは普段はあまり意識することのない自らの使命というものを受け止めざるを得ないものであった。自分の意思というよりは、多くの人の要求、それをこなさざるを得ない状況に追い込まれた。そこには、自分の家のこと、職場のことが介在する余裕はなかった」。

（『長田消防団　祈りの足跡』）


という言葉には、消防団員としての強い使命感がにじみ出ています。

分団員活動

消防団活動の拠点は、団員の所属する分団詰所です。このような大規模災害においては、自宅から消防分団詰所に行くことさえ困難な状況となります。

・［事例Ｃ］

家族全員外に出て、我が家、近所を見渡すと、屋根瓦が崩れ落ち、ブロック塀が倒れて道に散乱したのを発見。私は、地区内で大きな被害が発生しているのではと思い、すぐに団員を招集するにも、電気、電話は使用できない状況で、三役から各班長へ団員招集の連絡を指示し、６時30分に27名の団員招集を完了した。数名の団員と消防自動車で巡回しながら被害状況の調査、他の団員を５名ごとに編成し、徒歩で被害状況の調査と、老人だけの世帯へ安否の確認を実施しました。

（『西宮市消防団員の活動記録集』）

・［事例Ｄ］

家族と共にまだ夜が明ける前の暗い外に出た。少しして近くで人の声がするので行ってみると、家の中に人が閉じ込められているという事なので、瓦をめくり屋根を鋸で切って3人がかりで救出した。また、少しすると、あちこちで人が閉じ込められているということを知った。私は、近所の人と一緒に、救助に回っていたとき、予感していなかったサイレンが鳴りっぱなしに鳴った。私は、顔をひきつらせながら詰所へと急いだ。

（『西宮市消防団員の活動記録集』）

分団にあっては、分団内の状況報告を本部にできるだけ速やかに、かつ正確な情報を伝え、本部は情報を踏まえた指示を各分団に対して行います。そのことによって、組織的行動が効果的に行われるからです。もちろん、今回のような災害規模においては、詰所に向かう途中で、個人の判断で対応しなければならない状況に遭遇する場面も多いのですが、消防団員の行動の基本は分団行動です。

次の内容は、震災発生13日後の1月30日に開催された「長田消防団臨時役員会議」において報告された分団活動状況を要約したものです。

・団 本 部／午前10時ころから長田消防署にて各分団からの状況報告の集約
・第1分団／比較的被害は少ない、自治会と合同パトロールの実施（二次被害の防止）
・第2分団／家屋の全半壊は多い、住民の避難誘導、18日から団員による夜警実施
・第3分団／倒壊のため自宅ガレージを仮詰所、4班編成でパトロール実施
・第4分団／自治会と合同パトロール実施
・第5分団／交通整理、被害者の名簿作成、市場と自治会と合同パトロール実施
・第6分団／消防車の誘導、バケツリレー
・第7分団／自警団を組織しパトロール、真陽小学校を仮詰所。バケツリレー
・第8分団／団員12名を4班に編成し救出活動
　救出中、多くの団員の自宅焼失、団員宅を仮詰所

第3分団と第7分団では詰所は全壊、第4分団は火災による全焼ということで、仮詰所での対応を余儀なくされました。

災害の規模が大きくなればなるほど、本部と分団との正確な情報のやり取りが必要不可欠で、分団活動の拠点である「詰所」はより重要な拠点になります。詰所を拠点として、被害状況を把握するために行われる消防団員の巡回活動を通じて得られる情報は、最も信頼性の高いものであり、収集された情報を基に復旧活動は本格化するからです。

法被(はっぴ)への信頼

・［事例Ｅ］
学生４人が生き埋めになっていると聞かされ、近所の人が個々に助け出そうと柱を取り除いていていました。「皆さん手を止めて聞いてください」と声をかけても止めようともせず、これでは救出作業がはかどらないと思い、家に帰り消防団の制服を着用して現場に戻りました。人々は消防の方が来たと喜び、全員手を止めて私の話を聞いてくれました。

（『西宮市消防団員の活動記録集』）

・［事例Ｆ］
学校の門だけを何とか開けて避難者を入れて、運動場に集まってもらった。しかし、避難者が騒いで収拾がつかない。この事態を何とかしなくては大変なことになると思い、すぐに傾いた家に帰り、消防団の服装に着替えて、マイクで指示した。避難所に誘導したときは私服であったので、ほとんどの人が言うことを聞いてくれなかった。
（『長田区消防団第５分団の震災時の防災活動の記録』）

「事例Ｅ」及び「事例Ｆ」からもわかるように、パニック状態における消防団の存在の大きさを知ることができます。このような場面は、災害現場においては数多く見られた光景であったと、当時を述懐する消防団関係者は多いのです。

同時に、消防団員自体も、消防団に対する市民の信頼度の高さを自覚したことは、団員の次の記録からもうかがうことができます。

「日頃、消防団活動を行っている私たちは、なかなか活動の中身について理解してもらえなかったのですが、今回の震災で私たちの活動を目の前で見ていただいた近隣の人達に熱いアピールが出来たことは、今後の消防団活動に温かい理解が得られるのではないかと考える」
(『西宮市消防団員の活動記録集』)

消防団員にとっては災害救助の過程で、かなり厳しい決断を迫られる場面もあります。

・[事例G]

中心になって作業を進めている分団員が、ジャッキが必要だという。しかし、ジャッキは車載の短いジャッキしかなく、試行錯誤を繰り返しながら、何とか身体が引き出せるだけの隙間が確保でき、無事に救出することができました。他の分団員の現場では、亡くなられた方が出ているという情報も入りました。また、住民の方からは、新たなる現場の通報が次々に入ってきました。通報者も興奮しているため、言葉も荒くなりがちで分団員とのやりとりが続く。限られた人数で、道具もなく、技術も知識も少ない我々は、一ヵ所ずつこなし、生存が確認されている現場を優先し、救出していく以外に為すすべがなかった。
(『西宮市消防団員の活動記録集』)

消防団員の家族の思い

消防団員自らも被災者という状況では、制約された行動にならざるを得ないと思いながも、家族の安否確認後は消防団活動に専念した団員は多かったのです。「私」と「公」とのはざまで、本人はもとより家族にとっても複雑な思いで、一定の時間を過ごさなければなりませんでした。

・［事例Ｈ］

主人は消防団で外に出かけたまま、３人の息子らは、人命救助に出たまま、家の中は誰もいません。何時間経ったかわかりませんが、私は家の中を少しずつ片付けていきました。外は至る所から煙が上がり、夕方には家の前まで火がきました。主人に家の方も見てほしいと言いに行くと、家はいいから行きたかったらどこでも行けと怒るようにきつく言われ、泣くに泣けない悔しさでした。

（『長田消防団　祈りの足跡』）

・［事例1］

目の前で、次男の店が、夕方には三男の住まいが火に飲み込まれた。長男の自分よりも母がどんなに心を痛めたことだろうと思うと、言葉にならない。結局、その火は4日間燃え続けた。家の前まで火がきたときは、消防団員の家族として気丈にしていた妻もさすがに「他人のところも大事だろうけれど、自分の家を守ってほしい」と泣きついてきた。

（『長田消防団　祈りの足跡』）

消防団活動は、本人はもとより家族への負担増をもたらします。大災害にあって、家族は「消防団員だから、しょうがない」という気持ちを持ちつつも、自分の家や家族の身が危険にさらされている状況下で、その思いは複雑です。家を一歩出れば、周囲の人々は消防団員という、いわば公人としての活動に期待するのですから……。

3、コミュニティ活動との連携—淡路島・北淡町

北淡町消防団の概況

北淡町（現淡路市）は、瀬戸内海に浮かぶ淡路島の西北端に位置します。阪神・淡路大震災の震源域に最も近く、被害状況としては、死亡者39名、負傷者870名、全壊世帯1049（全世帯の29・1％）、半壊世帯1223（全世帯の33・9％）を数えました。

消防団は6分団からなり、565名が定員。分団は昭和30年4月1日前の1町5ヵ村の範域をそれぞれ母体としており、旧村との関係は深いものがあります。

消防団の特徴としては、第一に、団員になることは、今日なお、地域の通過儀礼的な意味合いが強いこと、第二に、人口（約1万1000人）の割には消防団員定数が多いこと、第三に、消防団員の平均年齢は37歳であり、全国平均と比べて若いが、最近はサラリーマン団員の割合が多くなる傾向が見られること、などがあげられます。また退団年齢は45歳と若く、しかも65歳以下の消防団OBが約500名もおり、現役消防団員と活動可能なO

B団員を合わせると、人口の1割を占めています。

災害発生時の消防団活動

平成7年1月17日午前6時30分には災害対策本部（本部長は町長、副本部長は助役、収入役、教育長、消防団長）を立ち上げました。

地震発生直後から「救助を求める電話が殺到」し、庁舎内はパニック状態。役場では「各分団は自分たちの判断で対応してほしい」旨の指示を出しました。亡くなられた方は39名ですが、そのうち、38名は即死状態であったといいます（北淡町作成「阪神・淡路大震災の記録」参照）。

災害時、この地域の対応において特徴的なことは、次の3点に要約されます。

ベッチャナイロック
（兵庫県淡路市（旧北淡町）震災記念公園地内）
※「ベッチャナイロック」とは、「大丈夫だ」という意味

第一は、日常的な近所づきあいが活発に行われていることもあり、一人暮らしの方や高齢者世帯への対応が早かったこと（各家々の間取りを詳細に知っている人が周囲にいたことが大きかった）。

第二は、町内会の役員が消防団員ＯＢであることが多く、両者の協力関係によって救助活動が円滑に行われたこと。

第三は、現役消防団の指示に基づいて、ＯＢ消防団員をはじめ地域住民による救助活動が組織的に行われたこと。

北淡町では、火災の発生時はもとより台風シーズンにおける高潮への対応から、地域住民の消防団に対する信頼度は高く、協力関係も築かれています。そのため、今回のような大災害においても、消防団の指示に基づいた行動がスムーズに行われたことは、いうまでもありません。

北淡町に見られたような事例は、淡路島の各地域に見られた特徴でした。北淡町の隣、一宮町（現淡路市）消防団の以下の記録を読むと、いざというとき、地域コミュニティが、どんな力にもまさることを改めて思い知らされます。

「ほとんどの救出現場が古くからの町であり、良い意味でのコミュニティが存在している。家族構成を近隣の人が心得ていて寝ている場所までほぼ把握していた。そのため、無駄な労力を使うことなく、スムーズに救助活動を進めることができた」。

（『一宮町消防団の震災時の防災活動の記録』）

第６章　消防団活性化対策

1、阪神・淡路大震災前後の消防団をめぐる動き

消防団不要論の台頭

昭和50年代に入ると、消防団員数は約112万人となり、発足時と比較してほぼ半減しました。一方、消防職員は年々増加傾向にあり、昭和50年に初めて10万人を超えました。常備消防は、都市の高層化や地下化に対応するための装備の充実や24時間体制になったこともあり、消防活動は「常備消防の充実によって十分に達成できる」という考え方を持つ人々が増える傾向にありました。また、若い世代には、防火活動は本来、行政の任務であ

ると考える人も少なくありません。

その後も、消防団員数の減少と常備消防の拡充という状況は続いています。

昭和53年6月12日に発生した宮城県沖地震は、「現代都市災害の走り」ともいわれます。しかし、地域防災における消防団の役割が見直される動きは多少見られたものの、それほど議論の深まりはありませんでした。行政サイドにあっては、住民の防災意識の向上のために、市内全域に自主防災組織の組織化を図るにとどまっています。

見直される消防団活動

平成7年1月17日に起こった阪神・淡路大震災を通じて明らかになったことは、次の2点に集約されます。
①大災害の発生の際には、行政機能には限界があること。
②地域住民の主体的な対応が必要不可欠であること。
すなわち、「地域社会は地域住民自らが守る」という「自助」の重要性が、行政はもと

より住民にも認識されたことです。

大災害では住民が最大の力を発揮することは、阪神・淡路大震災が証明しています。ただ、それが個々に分散された形ではなく、組織的に結集されることによって初めて大きなエネルギーとなりえたのです。こうした教訓から、町内会や自治会といった地域コミュニティの重要性と、消防団組織の見直しの契機ともなったことは幸いなことといえます。

第5章で取り上げたように、地元消防団員の多くは被災者でもありました。にもかかわらず彼らは、被災の現状を目の当たりにして、家族の安否確認後は「法被を身にまとい、分団詰所に向かった」のです。

出動する消防団員も残された家族も必死だったことが、次の記録を読むとよくわかり、万感胸に迫るものさえあります。


とりあえず、パジャマの上から主人の防寒着、主人の靴、消防のヘルメットを身につけ貴重品を取りに、壊れ傾いた階段を恐る恐る下りました。一階の建具、柱は壊れ、真っ暗な中を懐中電灯で照らしながら出口をさがしました。店の方から出られなくなっていたので、主人が裏の勝手口の戸を、無理やり蹴りつぶして、どうにか外に出ることができました（一部略）。主人と義弟は、「救助作業に入ってくると言って走っていきました」。

（「長田消防団　祈りの足跡」より）

仙台市は、平成7年7月に「仙台市消防団のあり方に関する検討委員会」を立ち上げました。同委員会は消防団の施設・装備の現地調査、若手消防団員との懇談会、消防団に関する意識調査を実施し、議論の結果を同年11月には「答申書」として市当局に提出。そのなかで、阪神・淡路大震災の教訓から、大規模災害時の消防団の役割として、人命・傷病者・高齢者・心身障害者・一人暮らし老人等の救助・救護活動、避難に対する各種情報活動の重要性を指摘し、消防団を地域防災の核として位置づけました。

2、消防庁による消防団活性化対策

検討委員会の設置経緯

消防団員の減少が進み、消防団存続に関わる根本的な問題が顕在化するなか、消防庁は昭和59年度から、さまざまな視点から消防団活性化のための検討委員会を設置し、問題点の検討を行ってきました。そして、平成7年の阪神・淡路大震災を機に台頭した消防団見直し論を踏まえ、これまで以上に消防団のあり方が重要なテーマとなりました。

平成9年度から19年度にかけて設置された検討委員会の主要なテーマは、次のようなものです。

(1) 平成9年度／大規模災害時における消防団活動のあり方
(2) 平成10年度／21世紀に向けた消防団の充実強化
(3) 平成11年度／地域特性に応じた消防団員の確保方策
(4) 平成12年度／消防団と地域の自主防災組織等との連携のあり方

(5) 平成13年度/消防団が直面する課題と取り組み事例
(6) 平成14年度/新時代に即した消防団のあり方
(7) 平成15年度/地域防災体制の充実強化に向けた消防団員確保
(8) 平成16年度/消防団の活動環境の整備
(9) 平成17年度/消防団と事業所の協力体制
(10) 平成18年度/消防団の機能向上のための総合戦略
(11) 平成19年度/地域総合防災力の充実対策

これらの課題に共通することは、消防団員の減少、サラリーマン団員の増加という状況は、消防団存続の危機をはらんでいるという認識に立っていることです。消防団の存立基盤である地域社会からの継続的な若者の流出、また都市化の進展による価値意識の変化によって、取り巻く状況は大きく変化しました。

それぞれの報告書においては、課題に即した問題点の整理と対応策が取りまとめられるとともに、各地域の消防団の具体的な取り組み事例が取り上げられています。このことを通じて、「21世紀における消防団組織のデザイン化につなげていこう」という狙いもうかがえます。

浮かび上がる課題と21世紀の消防団像

平成11年3月に刊行された消防庁の「地域特性に応じた消防団員の確保方策に関する報告書」では、従来の全国画一的な対応から、「大都市又は中心市街地」「中核的な都市又は中心市街地周辺」「小規模な都市又は郊外地域」「非常備町村又は人口密度の低い地域」に四区分し、地域実態にふさわしい消防団活動及び団員確保の方策が打ち出されています。ここで打ち出された地域特性の重視ということは、新しい方向性として注目したいと思います。

新しい取り組み事例が数多く紹介されています。そのなかから、代表的な事例を記述しておきます。

①長野県上田市消防団／消防団バイク隊・消防団音楽隊
②和歌山県太地町消防団／機能的な組織編成（破壊分団、海上分団、機動分団）
③群馬県藤岡市消防団／普通救急救命講習会の受講、消防団広報紙の発行
④東京都武蔵野市消防団／ポケットベル利用の火災通報システム
⑤三重県海山町（現紀北町）消防団／防災マップの作成、消防団イメージキャラクター「カツオ君」、出初式のアトラクション「権兵衛樽合戦」
⑥東京都金町消防団／消防団活動のＰＲパネル展示、アマチュア無線を活用した広報活動、消防団広報紙「ふれあい」及び「金町消防団」の編集発行
⑦福岡県福岡市内各消防団／消防団伝統技術の保存活動
⑧静岡県裾野市消防団／消防団ホームページの開設
⑨岩手県石鳥谷町（現花巻市）消防団／消防広報紙「消防いしどりや」の発行
⑩兵庫県加美町（現多可町）消防団／素人芝居興業、防火啓発のための駅伝大会参加

そして、平成13年の「消防団が直面する課題と取り組み事例報告書」においては、21世紀を視野に入れた消防団の取り組むべき重点施策として次の５項目が取り上げられました。

（イ）サラリーマン団員の増加への対応

消防団行事のあり方を開催曜日、時間、回数、人員等について見直し、効率的に実施すること、雇用企業に対する消防団活動の理解を深めてもらうこと。

（ロ）現場活動対策

新入団員に対する教育方法を確立するために、現場活動の手引書の作成。また、団員の高齢化が進み、団員が減少していることから、資機材の高度化・軽量化を図ること。

（ハ）資格取得

消防団活動とも密接な救急救命資格の取得。

（ニ）消防団の人事・組織・福利厚生
　分団員数や人口密度などによる組織再編の必要性。
（ホ）地域自主防災組織との連携
　地域コミュニティとの関わり方の重要性は認識しつつも、当事者が、それをいかに展開していくかということに惑いを感じているのが実情であり、早急な具体策の検討の必要。

　さらに、平成15年度は「新時代に即した消防団のあり方について」、平成16年度は「地域防災体制の充実強化に向けた消防団員確保の在り方について」という報告書が取りまとめられています。この二つの報告書は、21世紀の消防団の具体的なデザイン化を試みたものです。そのなかで、「消防団は、地域住民を中心とした組織として、今後は幅広い防災力と地域コミュニティとの連携を強化し、地域防災体制の中核的存在としての役割を担っていく必要がある」とされ、消防団を地域防災の核と明確に位置づけています。
　しかしながら、消防団を取り巻く状況に変化の兆しが見えなかったこともあり、平成17

年度の「消防団員の活動環境整備の在り方について」の報告書では、従来の消防団組織を根本的に見直すという観点から、特定の役割を担う「機能別団員・分団」の設置が提案されました。

その概要は以下のようなものです。

（一）機能別団員／特定の役割・活動を担う団員

・職団員ＯＢ団員

職団員の経験者（ＯＢ）の採用、特定災害（大規模災害時には必ず出動）、行事、訓練への参加。

・指導者団員

職団員幹部ＯＢを消防団の訓練指導者として採用。消防団員及び地域住民の訓練指導を行う。災害出動は大規模災害時に限定。

・大規模災害団員

地域住民及び勤務者が対象。出動する災害は大規模災害時等に特定した団員。

・勤務地団員
管内事業所勤務者が対象。出動の活動内容は、夜間や休日の活動については、事業所及び入団者と事前に取り決めを行う。

（2）機能別分団／特定の役割・活動及び大規模災害等に参加する団員で構成する分団
・女性分団
女性のみの分団。女性の能力を生かす目的で、火災予防、広報の活動に重点。
・大規模災害分団
出動する災害を震災や火災などの大規模災害に特定。対象は、地域住民及び勤務者。
・事業所分団
事業所単位に分団の設置。対象は管内事業所勤務者。

この新たな消防団員制度は、今日の消防団が抱える最大の問題である団員確保を第一義的に考慮したものですが、これまでのように、同一行動が求められる「基本団員」のみからなる消防団制度とは異なる面を持っています。また、仕事や家庭の事情によって、一定期間、消防団活動に従事することができない団員に対しては、休団制度を設けることも提案されています。

ここに、21世紀における消防団が第一歩を踏み出したわけです。

機能別消防団―松山市の挑戦

平成17年１月26日付の消防庁の『消防団員の活動環境整備の在り方―消防団組織・制度の多様化等を通知―』に呼応して、愛媛県松山市は新たな取り組みを開始しました。

・その第一は、松山西郵便局との間で交わした覚書により、郵便局員31名が消防団に入団したこと。

この経緯を見ると、松山市域は、将来想定される南海地震の危険区域の一部に含まれており、その一帯を職域とし地域事情に精通している松山西郵便局との間で、災害発生時の対応について事前に共通認識をしておくことは減災につながるという考えがありました。

平成14年の総務省の郵政職員の消防団加入促進に関する通達を踏まえて、松山西郵便局を管轄する日本郵政公社四国支社との間で話し合いが行われ、その後、松山西郵便局との交渉により、両者間で合意されたのです。

松山市消防団においては、「郵政消防団員」は消防団本部の「警防部」に位置づけられ、(Fire Postman Team　略称「FPT」)と称されています。主な活動内容は、災害情報通報、住民への避難情報提供、避難誘導支援などがあげられます。
・第二は、平成18年4月1日より、「大学生サポーター」制度を導入したこと。
災害発生時に避難所における負傷者の応急手当、救援物資の管理、外国人被災者の管理などを行うことを任務とし、現在74名の大学生が登録しています。
・第三は、女性消防団員の加入にも積極的に取り組んでいること。
現在、74名の女性団員を数えるにいたっています。組織上の所属は本部の総務部で、水軍太鼓サークルやホームページ作成を通じて、市民へのＰＲ活動を展開しています。

3、消防団員確保のための消防庁通知

委員会報告を受けて、消防庁は消防団員確保のための方策のひとつとして、これまで行政機関によって対応がマチマチだった公務員の消防団加入促進を図るために、平成14年11月25日付で、「地方公共団体職員による消防団への入団促進について」という次のような文書を各都道府県に通知しました。

消防団員は、普段はそれぞれに他の職業をもつ地域住民により構成され、非常災害が発生した際に「自らの地域は自らで守る」との精神に基づき、それぞれの業務を一時的に離れ、人命の救助等の緊急の作業に当たっています。公務員においても、一時的・例外的に本来の業務を離れ、こうした活動を行うことは、消防団の活性化につながり、ひいては国民の生命、身体及

び財産の保護にも大いに資するものであります。また、既に、地域によっては、郵便局の職員や地方公務員が団員となっている事例も見られるところです。

このため、「新時代に即した消防団のあり方に関する検討委員会第２次報告」（平成14年10月10日付消防消第２０３号にて送付）においては、地域の実情によっては、地域に密着した事務・事業を担っている市町村や都道府県の職員や郵便局などの国の機関の職員が団員となることを慫慂することを紹介しています。

貴都道府県においても、地域の住民の生命、身体及び財産の保護のため、更には消防団の活性化のため、貴都道府県の職員が積極的に消防団に入団していただくよう、関係部局に働きかけていただくようお願いします。併せて、貴都道府県内の市町村等に対しても、職員の入団を働きかけていただくようお願いします。

また、郵便局の職員が、消防団に入団していただくことについては、特段支障がない旨、郵政事業庁から了解を得ていますので、お知らせします。

なお、国家公務員及び地方公務員が消防団に入団することについては、国家公務員法等の規定に従い許可を受ければ可能でありますので、この点、あらためて御留意願います。

地方・国家公務員で消防団員になっているのは、平成13年4月1日現在で、地方公務員7万2333人、国家公務員6889人を数えます。

（平成14年11月25日　消防庁『報道資料』）

消防団員不足の解消については、消防庁をはじめとして関係諸機関において、女性消防団員の加入促進、あるいは制服の見直しに見られる消防団のイメージアップの促進や待遇の改善等を大きな柱として取り組んできたという経緯があります。しかし、消防団員加入が思うように進まない状況から、地域社会と密接な関係にある公務員に対して、その入団を積極的に図ることをねらいとしたものです。

消防団は公的意味合いとボランティア活動という両面性を持っています。特に、後者について阪神・淡路大震災では、140万人を超える人々がボランティア活動をしたことからみても、裾野は広がりつつあることがわかります。

「地方公共団体職員による消防団への入団促進について」という通知は、地方公共団体職員の地域との関わり方を、消防団活動を通じて見直そうという意図が感じられます。

市町村によっては、すでに職員だけからなる分団の組織化を行っているところもありますが、その対応には市町村レベルで大きな違いが見られます。

これに続いて、平成14年11月19日付で「郵便局職員の消防団への入団について」、さらに、平成16年2月19日付で「女性・農業協同組合職員の消防団活動への参加について」、という通知が、消防庁より出されました。

その後、郵政公社に移行したのにともない、平成16年3月19日付で「日本郵政公社職員の消防団への入団について」という文書が各都道府県あてに通知されました。

さらに、平成19年1月5日付では、消防庁から公立学校の教職員の消防団活動に対する配慮について（依頼）の文書が、各都道府県教育長宛に行われました。

第7章　消防団をめぐる新たな動き

1、地域防災計画における消防団の位置

「消防団」の位置づけ

昭和36年11月15日に制定された災害対策基本法第42条に基づいて、各都道府県及び市町村レベルで策定されるのが地域防災計画です。

災害対策基本法は阪神・淡路大震災を機に、平成17年まで20回を超える改正が行われています。特に阪神・淡路大震災のあった年には二度にわたって大幅な改正が行われました。総じていえることは、これまでよりも、地震災害対策に重点が置かれていること、各種の

災害発生の際の時系列的な行動パターンが明示されたことです。それにともない、各自治体は地域防災計画の大幅な見直しを行い、「平成10年7月末までに、全都道府県において地域防災計画の見直し、改定がなされた」(平成11年版　防災白書)のです。地域防災計画策定のメンバーには、消防団関係者では消防団長や副団長の参加が多くみられます。

地域防災計画はこれまでは「絵に描いた餅」のような存在であり、一部の関係者が災害が発生した際に対策マニュアルとして活用することはありましたが、多くの住民は、その計画の存在すら意識することはなかったように思われます。その内容は項目の総花的羅列であり、具体性に欠ける傾向は否定できませんでした。

平成7年12月の国の「災害対策基本法」の改正を踏まえ、新たに策定された神戸市地域防災計画の「総括　地震対策編」の「消防活動の確保　消防団員の参集及び活動」の項では次のように記述されています。

発災を覚知した消防団員は招集をまつことなく、速やかに自宅及び自宅周辺の出火防止措置を行った後、あらかじめ指定された分団詰所等に参集し、消防団本部（消防署）と密接な連絡が保持できるよう必要な措置を行うものとする。参集した団員は、消防署と連絡を取り、消防団長の指示に基づいて出動し、防御活動を行う。

地域住民と消防団の関わり

地域防災計画は、これまでは各自治体の設置する「防災会議」の構成メンバーによる審議を経て決定されており、問題点を地域住民に直接投げかけることはほとんど行われてきませんでした。しかし、地域防災計画は「地域住民の生命財産を守る規範」という意味合いが強く、地域住民の意向をできるだけ反映させるということから、住民意識調査、ワークショップ、公開討論会、さらには各種の講演会の実施などが広く行われるようになってきています。

特に、頻発する大規模災害において、その有効性が注目される地域自主防災組織のあり方が重要性を増していることもあり、そのリーダーから直接意向を聞き、計画に反映させるという手立ても講じています。加えて、各自治体で発生した過去の災害の教訓を、積極的に内容に盛り込む傾向も見られます。新潟県小千谷市においては、復興計画や復興基本法の制定にあたって、新潟県中越地震の教訓を反映させるために、市民参加型のワークショップの開催も実施しています。

あわせて市民に地域防災計画の内容の周知徹底を図るために、自治体の広報誌面上の地域防災計画の概要の説明だけでなく、各家庭に対して概要をコンパクトにまとめた冊子の配布、さらにはインターネット上での公開なども行われるようになりました。

こうした新しい動きは、「防災は、行政と市民が一体になることで相乗効果が期待できる」という認識の現れにほかなりません。

新しい消防力の基準設定

昭和32年、「毎年増加する火災件数とその巨大な損害額、特に相次いで発生した中小都市を中心とする大火の発生はその鎮圧に対する能力と戦術の問題、予防行政分野における行政運営の不徹底、更には、消防行政運営の基本となる行政組織と責任の不明確等の問題は、広く社会一般の批判を受ける」（消防白書　昭和32年版）ということもあり、消防団員の定数についても一定の基準を設けるべき、という観点から消防審議会が設置されました。その審議会の答申を経て、昭和36年の告示第２号により、消防団員定数について、「人口のみならず、建築物の構造規模、疎密度、気象等を勘案する」とし、大幅な見直しが行われました。

その後、昭和46年、昭和50年、昭和51年、平成２年にそれぞれ一部改正が行われましたが、それは、あくまでも都市化の進展や重化学工業の発展で新たに生じた消防需要にともなう常備消防力の強化を意図したものでした。

平成12年１月20日の消防庁告示第１号「消防力の基準」によって、阪神・淡路大震災の教訓から全面的な改正が行われました。その結果、消防力の算定基礎として「消火」「火災の予防・警戒」「救助」「地震風水害等の災害の予防、警戒、防除等」の業務に、「地域住民等に対する協力・支援及び啓発」業務が新たに加えられました。

具体的には、「自主防災組織に対する協力・支援」をはじめとして、「応急手当の普及指導」「祭り、イベント等での警戒、会場整理」「スポーツ大会等への参加を通じた防火意識の啓発」「木遣りや音楽隊等の活動を通じた防火意識の啓発」「老人ホーム等の各種施設、団体での防火啓発」などが取り上げられました（第三次改訂版『消防力の基準・消防水利の基準』）。

要は、消防団と地域住民の日常的な関わりが重視されたわけです。阪神・淡路大震災では、人命救助や災害復旧において、消防団と自主防災組織との連携による活動が効果的であった（第5章参照）と指摘されており、それを踏まえたものです。

この新しい消防力の基準は、消防団と地域社会とのこれまでの関わり方の変化を、制度上からも明示したものです。

さらに、この消防力の基準は、広域的な消防体制の充実を図るとともに、武力攻撃事態等における国民の保護のための措置に関する法律（いわゆる「国民保護法」）の施行等を踏まえて、市町村が目標とすべき消防力の整備水準を示した「消防力の整備指針」として、平成17年6月13日に改正されました。

2、他の防災組織との協働

地域自主防災組織との連携

阪神・淡路大震災が発生する前年の平成6年4月1日では、地域自主防災組織の全国組織率は43・1％で、組織率が70％を超えたのは、静岡県の98・2％をトップに宮城県、東京都、神奈川県、山梨県、岐阜県、愛知県の一都6県にすぎませんでした。

これらは、東京都から愛知県にかけての東海地震想定地域と宮城県沖地震地域であり、自主防災組織の重要性が他地域と比較して、より強く認識されていたことをうかがわせます。この時点では、兵庫県は29・4％、大阪府10・1％と、近畿6県は総じて組織率は低いものでした。

自主防災組織と消防分団が以前から、消防訓練や講習会などを通じて両者の連携のあり方を模索する地域はありましたが、全国的な広がりにはなっていませんでした。

消防団員は身分上は特別職の地方公務員であり、上位の指示命令によってあらゆる行動が統率されるのに対し、自主防災組織は住民の自主的な行動が第一義です。組織のあり方の違いから、両者は同じ地域の防災組織であっても、対応の仕方にはかなりの違いが見られました。が、両者の垣根は、阪神・淡路大震災を契機に簡単に取り払われました。二つの組織の協力によって、人命救助をはじめ火災現場における消火活動や夜間パトロールなどが、いかに有効に機能したかを互いに強く確認したからです。

地域自主防災組織の特性といわれる、即応性、連帯性、密着性、多様性は、消防団とも多くの共通点があり、災害救助活動を展開するフィールドは基本的には同じです。

自主防災組織は町内会や自治会を母体としていることが多く、最近では消防団OBや消防後援会のメンバーが、その役職に就く例が多くなりつつあります。こうした事情も、消防分団と自主防災組織の距離を縮め、協働体制を可能にする状況を作り出しています。

阪神・淡路大震災以降、各都道府県は地域自主防災の組織化を重要視するようになりました。平成21年における組織率は、全国平均で73・5%、15年間で3割も増加しています。愛知県の98・9%をトップとして、静岡、兵庫、三重、岐阜、山梨の6県が90%を超えています。

平成18年6月12日に行われた仙台市泉区総合防災訓練では、泉消防団主導により、地元の地域自主防災組織との連携が具体的な場面を通して行われました。「我々消防署員は『黒子に徹しました』よ」（泉消防署警防課長談）という言葉からもうかがえるように、両者の連携の重要性はより高まってきているといえます。

消防団員の指導による「ロープ結び方訓練」
（仙台市泉区）

消防団とボランティア活動の関わり

阪神・淡路大震災にかけつけたボランティア数は延べ140万人にも達し、この数字は岩手県の人口にほぼ匹敵します。震災当日から現地で救助活動にあたったボランティアもおり、かなり素早い対応だったといえます。

個人ボランティア活動のパターンは、「直接活動型」「団体所属型」「行政登録型」「コーディネート型」に分類されます（『震災ボランティアの社会学』）が、ほとんどが自らの意思で現地に赴いています。

災害ボランティア活動については、日本はこれまで「不毛の地」といわれてきました。不毛の地であり続けたのは、長年にわたって防災活動の中心を担ってきた消防団の存在と無関係ではありません。「いざというときには、定型化された組織こそが頼りになる」という考え方が根強かったからです。しかしながら、今回のような大震災では、急を要する課題の多さに加えて、人力に頼らざるを得ないこともあり、ボランティアに対する評価は一気に高まりました。

これまでは、消防団とボランティアは活動上、直接的な接点は少ないといわれてきました。消防団は、「私的に関わる問題については対応しない」ことを基本原則としているのに対して、ボランティア活動は私的から公的意味合いをもつ分野にいたるまで対応の幅が大きいからです。

その意味においては、両者に違いがあるといわざるを得ませんが、災害に関わる活動については公・私的に分類すること自体、不合理な面は少なくありません。両者の活動の違いは、内容というよりはむしろ、時系列的に生じる課題の救助・救援対象にある、と考えるのが穏当のようにも思われます。

また、被災住民との人間関係における消防団員とボランティアの違いについて、消防団は「顔見知り」という利点が取り上げられることもあります。顔見知りであることは、災害発生直後からスムーズに活動できるという点では一定の意味を持ちます。ところが、高齢化社会の救援活動は、これまでとは比較にならないほど長い時間を要します。こうした状況からも、ボランティアの重要性は明らかです。

平成7年は日本の「ボランティア元年」ともいわれ、その後はボランティア活動に対する理解は深まり、ボランティアという言葉だけでなく、活動内容についても確実に市民権を得てきています。

平成17年4月1日、福井県は全国初の「災害ボランティア活動推進条例」を施行しました。その条例には、「災害ボランティア活動の推進は、被災地等の状況の変化に的確かつ柔軟に対応することができるようにすることを旨として行われなければならない」(条例第3条の第3項)と記されています。災害ボランティア活動が災害の救助・救援活動において必要不可欠な存在として、法的に位置づけられた先例として注目したいと思います。

3、「災害文化」の継承

少ない消防団関係資料

消防団の活動実態については、しばしば「よくわからない」といわれます。

その原因のひとつは、消防団活動について後世に伝えられている資料の少なさが挙げられます。これまで、消防団活動については、市町村史や地域消防団史でわずかながら取り上げられることはありました。ただ、その内容といえば、消防団長や副団長の偉人伝的な取り上げ方が主流で、消防団の運営や活動について、具体的な記述はほとんどなされてきませんでした。

阪神・淡路大震災に関わる調査記録は、じつに膨大なものです。消防団組織自体はもとより、消防団員個々に関わることも、これまでの比ではないほど詳細な記録が残されています。

消防団活動に関するものとしては、「1995年兵庫県南部地震における火災に関する調査報告書」（日本火災学会）、「阪神・淡路大震災における消防活動の記録〈神戸市域〉」（神戸市防災安全公社）、「阪神・淡路大震災活動記録誌」（全国消防協会）などが挙げられます。

記録はいずれも、消防団活動がリアルタイムに詳述されています。消防団員自らの活動手記としては、「西宮市消防団員の活動記録集」（西宮市消防団）、「長田消防団　祈りの足跡」（神戸市長田消防団）などがあり、消防団員の生の声が記録されています。

これらの刊行物を通じて、これまで国民の目に見えにくかった消防団活動の実態が、映像を見るように具体的な形となって提示されました。貴重な記録を残し後世に伝えることは、消防団に対する国民の理解が深まるだけでなく、国民の財産といえるものだと思います。

学校教育現場における「出前授業」

防災教育の重要性が指摘されるようになり、最近では、学校教育現場でも、行政の防災担当者や消防職員の方々から直接話を聞いたり、消防関連施設の見学などが広く行われるようになりました。

神戸市では教育委員会を中心として、防災教育が多面的に実践されています（「阪神・淡路大震災　神戸の教育の再生と創造への歩み」神戸市教育委員会編）。平成14年には、神戸市垂水区にある兵庫県立舞子高校に、

「阪神・淡路大震災の教訓を踏まえて、命の大切さや生き方を考え、災害に対応する力を身に付け、社会に貢献できる人間になることを目指す」という教育理念のもとに、高等学校として全国初の環境防災学科が設置されました。

さらに、消防団員自らも教育現場の教壇に立ち、消防団活動や仕組みについて、生徒に講話するという取り組みが、全国的な広がりを見せています。

ふだん、救急車や消防自動車を通じて見ている消防職員の動きとは異なる、消防団という存在に驚きの声をあげる小学生も多いのです。こうした取り組みを実践しているのは、京都市伏見区消防団、同山科消防団百々分団、岡山市消防団石井分団、茨城県岩井市（現坂東市）消防団などです。

消防団員自らが学校教育の場において、消防団について

受け継がれている子供たちの夜廻り
（宮城県登米市東和町錦織地区）

語るという試みは、小学生にとっては、生きた災害文化に触れる機会でもあります。

災害文化の継承は、いつ起きるか予測不可能な時間的特殊性から、難しい面を持っているのは確かです。しかし、災害は時代を超え、共通の顔を見せることがしばしばあります。小学生が消防団員を通じて得る間接的な災害体験は、他の授業に勝るとも劣らないほど貴重といえます。

第8章

国民の目に映る消防団像

国民は消防団をどのような存在としてとらえ、いかなる期待をしているか、ということを、各方面において実施された意識調査や実態調査を参考にしながら検討していきます。

1、消防団に対する認識度

消防団と消防署との区別

消火作業や救急車による人命救助活動などを通じて、消防職員の行動が地域住民の目に触れる機会が多くなる一方、消防団の存在はどのように認識されているかを、平成7年11

月に仙台市市民局区政部広聴課が、市政モニターと区政アドバイザーを対象として実施したアンケート調査（対象者224名、回収率98・7％、以下『仙台市調査』という）を参考として見ていきます。

「消防職員と消防団員の違い」を問う設問では、「両者の違いが以前からわかっていた」（42・1％）、「大体わかっていた」（44・3％）という合計は86・4％でした。

この数字からは、多くの人がその違いを理解していると考えることはできますが、「大体わかっている」という回答には、その理解の程度にかなり幅があるようにも感じられます。「わからなかった」という割合が高いのは、地域的には宮城野区、泉区のような都市部、また男性よりも女性、年代的には若い年齢層でした。特に「20歳代」では、「わからなかった」割合は50％にも達しています。

消防団についての認識度

内閣府が平成14年に実施した「消防・救急に関する世論調査」において、「消防団を知っているか、どうか」という問いに対して、「知っている」が86・3％で、平成元年の同調査結果と比較して4・1％の増加でした。これは阪神・淡路大震災をはじめ、その後各地で頻発した大規模災害における消防団活動や、地域防災の必要性の高まりが影響していると考えられます。

年齢別で見ると、「60〜69歳」の90・4％、「50〜59歳」が90・3％と高年齢層では割合が高くなっています。一方、最も低いのは「20〜29歳」の71・1％で、両者間には20％もの開きがあります。特に都市部に住んでいる若年層にとっては、大災害が発生しない限り、消防団活動に触れる機会が少なくなってきていることも要因のひとつとしてあげられます。

職業別で見ると、「家族従業者」と「自営業主」の割合が高く、消防団員の多くが、これらの職業層を中心に構成されていることと関係しているように思われます。

「仙台市調査」においては、「各地域に消防団があることを知っていましたか」という問いに対して、77・4％が「知っていた」と答えていますが、20歳代では、50％にすぎず、内閣府の調査結果とほぼ同じ傾向を示しています。「地域の消防団の活動状況はどうですか」という問いでは、20歳代の約6割が「わからない」と回答しています。このことは、消防団加入の少なさとも無縁ではありません。

神戸市が平成16年、防災福祉コミュニティ関係者を対象として行った「消防団に対するアンケート調査」（回収率75・1% 以下『神戸市調査』）における「同じ問い」の結果では、「知っている」が95・3%にも達しており、内閣府調査及び仙台市調査の結果と比べて、その割合はかなり高くなっています。それは、阪神・淡路大震災における消防団の活動を目の当たりにしているからでしょう。

消防団活動についての認識

消防団の具体的な活動について、どの程度認識しているかについて見ていきます。

東京消防庁が平成8年11月、都内に住む20歳以上の男女を対象として行った「消防に関する世論調査」（対象2327人、回収率77・6% 以下「東京消防庁調査」）によれば、図表-17のような結果でした。

「火災現場での消火活動」（51・2％）が最も高く、「年末・年始の警戒」「町会・自治会などの防災訓練での住民指導」と続いています。

神戸市調査でも、東京消防庁調査とほぼ同じ結果でした。いずれにおいても、消防団活動に接する機会があるかどうかによって認識度は大きく左右されます。

このうち、「消防団が自主防災組織や婦人防火クラブ等の消防訓練において指導的な役割を果たしている」という割合が比較的高く、神戸市調査では74・7％にも達

図表-17　あなたは、消防団のどのような活動内容を知っていますか。(複数回答)

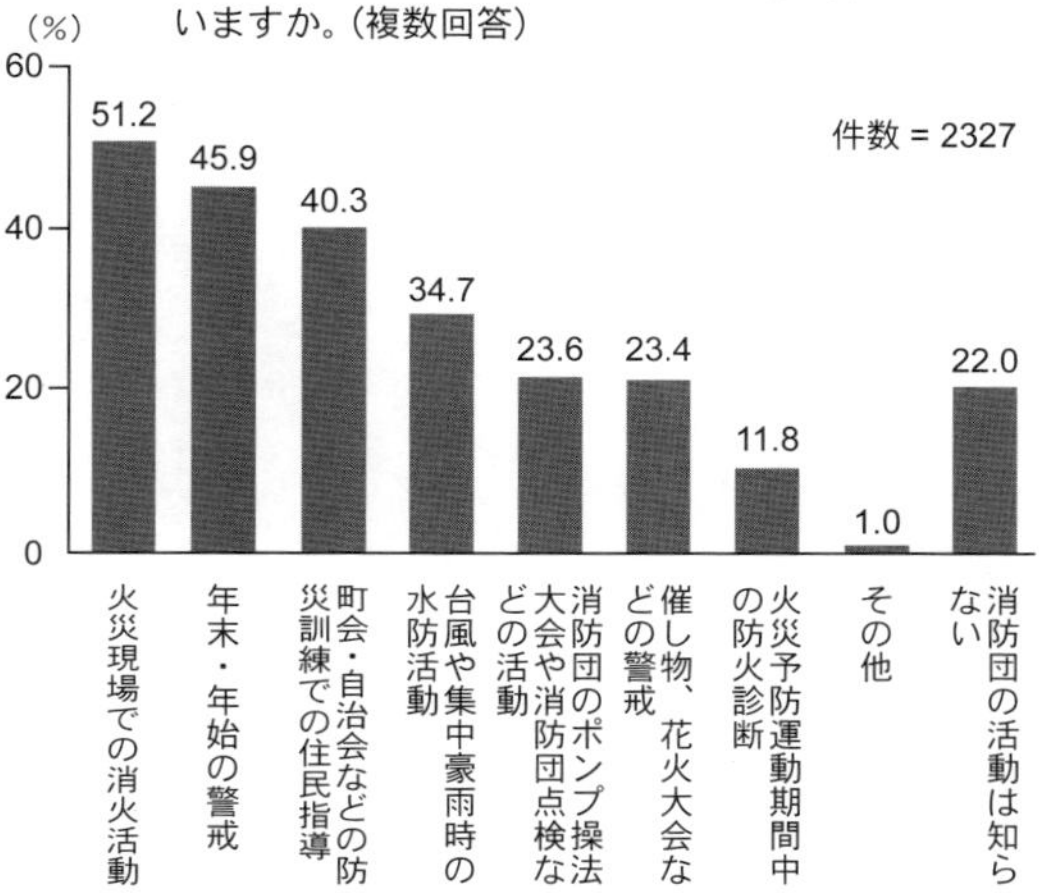

東京消防庁『消防に関する世論調査・報告書』より

しています。また、同市調査では、阪神・淡路大震災の被災地ということもあり、「地震や風水害時の防災活動」が70%にも達していることは、大規模災害発生時の消防団の役割が、かなり高く評価されていると考えられます（東京消防庁調査には、この内容は含まれていません）。

また、設問の違いはありますが、「札幌市調査」の「消防団に入団したらどんな活動をしたいか」という設問では、「火災、地震、風水害時の災害防除活動」（63・7%）が最も高く、神戸市調査とほぼ同じ結果でした。

2、消防団に対するイメージ

地域社会の安全の担い手として

市民は、消防団組織をどのような存在としてとらえているかを見ておきます。

「仙台市調査」では、選択肢がかなり包括された内容を含んでいます（図表-18）。最も高い割合を示したのは、「地域の安全にとって頼もしい存在」（23・9％）という回答でした。

仙台市民の多くは昭和53年に宮城県沖地震による消防団活動を目の当たりにしており、さらに調査直前の阪神・淡路大震災に際して、メディアを通じて地域防災における消防団の必要性を認識していた市民が多かったことがうかがえます。それに続いたのが、「仕事と両立させなければならない厳しい集団」（21・4％）という項目でした。

マイナスイメージとしては、「閉鎖的である」「体質が古い」があげられています。これら二つの項目の合計割合は約一割程度に過ぎませんが、若年層ほどその割合が高くなっています。

また平成13年に実施した「仙台市消防・防災に関する市

図表-18　消防団に対してどのようなイメージを持っていますか。（複数回答）

①地域の安全にとって頼もしい存在である	96（23.9％）
②地域コミュニティの中核的集団である	30（7.5）
③日常的に身近な存在である	51（12.7）
④伝統を感じる	61（15.2）
⑤仕事と両立させなければならない厳しい集団である	86（21.4）
⑥高齢者集団である	22（5.5）
⑦あまり頼りがいのない存在である	9（2.2）
⑧閉鎖的である	10（2.5）
⑨体質が古い	25（6.2）
⑩その他（自由記述意見）	12（3.0）

仙台市市民局区政部広聴課『消防団に関する意識調査』より

民意識調査」（20歳以上の男女5000人、回収率57・7％　郵送配布）における「消防団の印象」に関する設問では、平成7年の「仙台市調査」と選択肢項目に多少の違いはあるものの、「地域の安全を守る防災リーダーとして頼もしく思う」、「仕事を持ちながらの活動は大変だと思う」の二項目が他を大きく引き離しています。

「消防団活動と仕事の両立の難しさ」は、消防団に関する住民、あるいは消防団員を対象とした意識調査でも、必ずといっていいほど高い割合を示す内容です。このことについては、平成15年に消防庁が全国規模で実施した「消防・救急に関する世論調査」（全国20歳以上の男女3000人対象　回収率70・4％）においても、消防団に入らない理由として、「体力に自信がない」（53・8％）に続いて、第二位の27・7％を占めています。「札幌市調査」においても、ほぼ同様の結果になっています。

消防団活動の評価

消防団活動について、市民はどう評価しているかを検討します。

「神戸市調査」によれば、「よくやっている」（46・７％）、「まあまあやっている」（29・１％）という二つの合計は75・８％にも達しており、評価はかなり高いと考えられます。

これを地域別で見ると、市街地地区では、「よくやっている」「まあまあやっている」の合計が81・２％で、北区（65・２％）、西区（63・０％）の周辺地域と比べると、かなり評価は高いといえます。

この点について、「新時代の神戸市消防団検討委員会報告書」では、「市街地消防団の活動は、災害活動よりも訓練指導や応急手当の普及等の活動を活発的に行っている。そのため、地域と連携のとれた活動を行っているので、評価が高いと推測される」と分析しています。

消防団活動の評価については、消防団の活動内容と地域住民の関わり方に大きく左右されます。多くの地域住民の参加する地域防災訓練や高齢者の家庭訪問などを通じて、消防団と地域住民の接点が増えるほど活動評価が高まっていることがうかがえます。

新興住宅地住民における入団者が少ない理由として、市街地地区では「新興住宅地の住民と消防団との交流が少ないため」、さらに「女性消防団員の入団を積極的に図ってほしい」という割合が、北区や西区よりも高い割合を示していることにも表れています。

消防団の必要性

平成15年3月、消防庁が全国3173の市町村を対象に行った消防団実態調査(以下、「消防団実態調査」)において、「市町村にとって、消防団は必要かどうか」という問いに対しては、「非常に重要である」は89%、「ほどほどに重要」は9%、「あるに越したことはない」は1%、無回答は1%で、消防団の必要性はきわめて高いことがうかがえます。

それを政令市と人口規模別市町村で見ると、人口の少ない市町村の方が消防団の重要性の認識度は高くなっています。それは、範域をカバーする消防職員が少ないため、消防団の必要性を強く感じている割合が多くなっているからだと考えられます。

一方、政令市においては、建物の高層化・地下化によって、より高度な消防技術が要求されることから、消防団の比重は低くなっています。この点について、消防団の具体的な活動内容で比較すると、図表-19より、一層明らかです。

政令市では「防火・防災の啓発活動」「火災現場での後方支援活動」「風水害等に関わる活動」などが中心なのに対し、市町村全体では「消火活動」「風水害等に関わる活動」となっています。しかも、人口の少ない市町村になるほど「消火活動」の割合は高く、「人口一万人未満町村」では94%にも達します。

それに対して、政令市をはじめ人口の多い市町村では、「火災現場での後方支援」に比重が置かれています。政令市と市町村

図表-19　貴市町村における消防団は主にどのような活動を行っていますか。（大災害除く）（複数回答可）

市町村回答	全体	政令市	100～10万	10～2万	2～1万	1万未満
	3,173	12	214	754	677	1,516
主に消火活動	89%	58%	78%	83%	89%	94%
主に火災現場での後方支援	45%	83%	60%	58%	49%	35%
主に風水害等に係る活動	75%	83%	75%	78%	73%	75%
防火・防災の啓発活動	78%	92%	71%	72%	78%	81%
教育・訓練活動	62%	58%	54%	58%	63%	65%
祭礼、イベントの手伝い等の地域コミュニティ活動	41%	58%	66%	51%	41%	33%
行方不明者の捜索等	79%	33%	55%	75%	83%	83%
その他	2%	8%	2%	2%	1%	2%
無回答	1%	0%	0%	2%	1%	0%

消防庁・新時代に即した消防団のあり方に関する検討委員会
『新時代に即した消防団のあり方について』（平成15年3月）

のいずれにおいても、行政レベルでは消防団の必要性を認めながらも、消防団に期待する役割には違いが見られます。

この点について、さらに「仙台市調査」から検討を加えてみます。

「仙台市調査」の「消防団をどのように思いますか」という問いに対して、「地域になくてはならない存在である」（36・9％）、「あったほうがよいと思う」（56・0％）の二つの合計は92・9％にも達しており、大多数の市民が消防団の必要性を認めていることがわかります。これは平成15年の「消防団実態調査」とほぼ同じ結果でした。

消防団の具体的な行動に対する仙台市民の評価としては、「十分に信頼している」（21・4％）、「信頼している」（60・1％）。前掲の「必要性」との間には10％ほどの開きはあるものの、両者の相関度はかなり高いと考えられます。

消防団の必要性については、阪神・淡路大震災以前に実施された各レベルでの世論調査を見る限り、都市部と農村部では異なった結果が見られます。つまり、消防団の活躍の中心は農村部であり、都市部においては常備消防の充実によって地域住民の生活の安全・安心は守れるということです。このような考え方は、昭和40年代以降、ほぼ定着化しましたが、阪神・淡路大震災の消防団活動によって大きく転換しました。

3、期待される将来の消防団像

新たな期待

「札幌市調査」では、「消防団活動について、今後充実を望むもの」という問いに対して、「火災、地震、風水害時の災害防除活動」が60・6%と最も多く、「火災予防や放火防止パトロールなどの地域活動や広報活動」が50・8%と続きます。

このニつは、消防団が従来から活動の中心に位置づけてきたものです。これらに続くのが、「心肺蘇生やけがの手当などの応急手当指導」(31・4%)。消防庁の「消防団実態調査」においても、「独居老人、高齢者への訪問」は上位にランクされています。

「応急手当指導」や「家庭訪問」に対する取り組みは、女性消防団員の加入とも密接に関係します。特に、災害発生時において、消防団が対応しなければならない優先課題は、地域住民の安否確認と人命救助です。今後は「家庭訪問」と「応急手当指導」は、より期待される活動分野であることは間違いありません。

次に、最近、頻発する地震や暴風雪のような大規模災害に対する消防団活動への期待について見ていきます。

平成15年の「活動実態調査報告書」において、「大災害時に消防団の重要な活動と考えられるものは何か」という問いに対しては、**図表-20**のような結果でし

図表-20　地震等の大災害時に消防団の重要な活動と考えられるものを教えてください。(複数回答可)

市町村回答	全体	政令市	100 ～ 10万	10 ～ 2万	2 ～ 1万	1万未満
	3,173	12	214	754	677	1,516
住民に対する避難誘導活動	82%	83%	87%	83%	79%	82%
発生直後の救助・救護活動	84%	100%	85%	81%	80%	86%
火災発生時の消火	95%	92%	93%	94%	95%	95%
情報の収集及び伝達活動	58%	100%	62%	57%	57%	57%
危険個所等の警戒	73%	75%	69%	77%	72%	73%
常備消防の支援	61%	100%	80%	70%	62%	53%
ボランティア団体等への指示	10%	25%	16%	10%	7%	10%
特になし	0%	0%	0%	0%	0%	0%
その他	1%	8%	1%	1%	0%	0%
無回答	1%	0%	0%	2%	1%	1%

消防庁・新時代に即した消防団のあり方に関する検討委員会
『新時代に即した消防団のあり方について』(平成15年3月)

た。

全体としては、「火災発生時の消火」（95％）、「発生直後の救助・救護活動」（84％）、「住民に対する避難誘導活動」（82％）が上位にランクされています。これらは消防団の即時対応性が最も発揮される活動内容です。

ここで注目すべきは、政令市においては「情報の収集及び伝達活動の期待度」が高いことです。この点は大災害が発生するたびに指摘されており、消防団の地域密着性という特質はもとより、消防団に対する地域住民の信頼度の高さを裏付けるものです。

消防団活動の将来像

消防庁の「活動実態調査報告書」における「今後の消防団はどのようになると思いますか」という問いに対して、市町村レベルでは、「今と変わらないと思う」という「現状維持」が45％と最も多いのですが、「現状より消防団は衰退していくと思う」という「衰退予測」の割合は40％で、行政レベルでは二極分化傾向が見られます。

一方、消防団自体の予測は、「衰退予測」は33％と市町村レベルよりも多少低い数字になっています。市町村の衰退予測は、人口規模によって異なり、人口一万人以下の町村ではその割合はかなり高くなっています。過疎が進んでいる町村では、団員確保が難しくなっており、消防団運営がより厳しくなることが予想されるためだと考えられます。

「神戸市調査」において、「地元消防団の活動の将来像についてどのように考えていますか」という問いに対する結果は、**図表-21**のようになっています。

「防災福祉コミュニティとの連携により消防団の活性化が図られる」（27・8％）という割合が最も多いものの、「消防団員の多くがサラリーマン化し、消防団活動が困難化」（22・5％）の割合もかなり高くなっています。この点は、「活動実態調査結果」とほぼ同じ傾向です。神戸市では、「消防団の活性化」の前提として、「防災福祉コミュニティ」との連携のあり方が大きな鍵ともなっています。

図表-21　あなたは、地元消防団の活動の将来像についてどのように考えていますか。（複数回答）

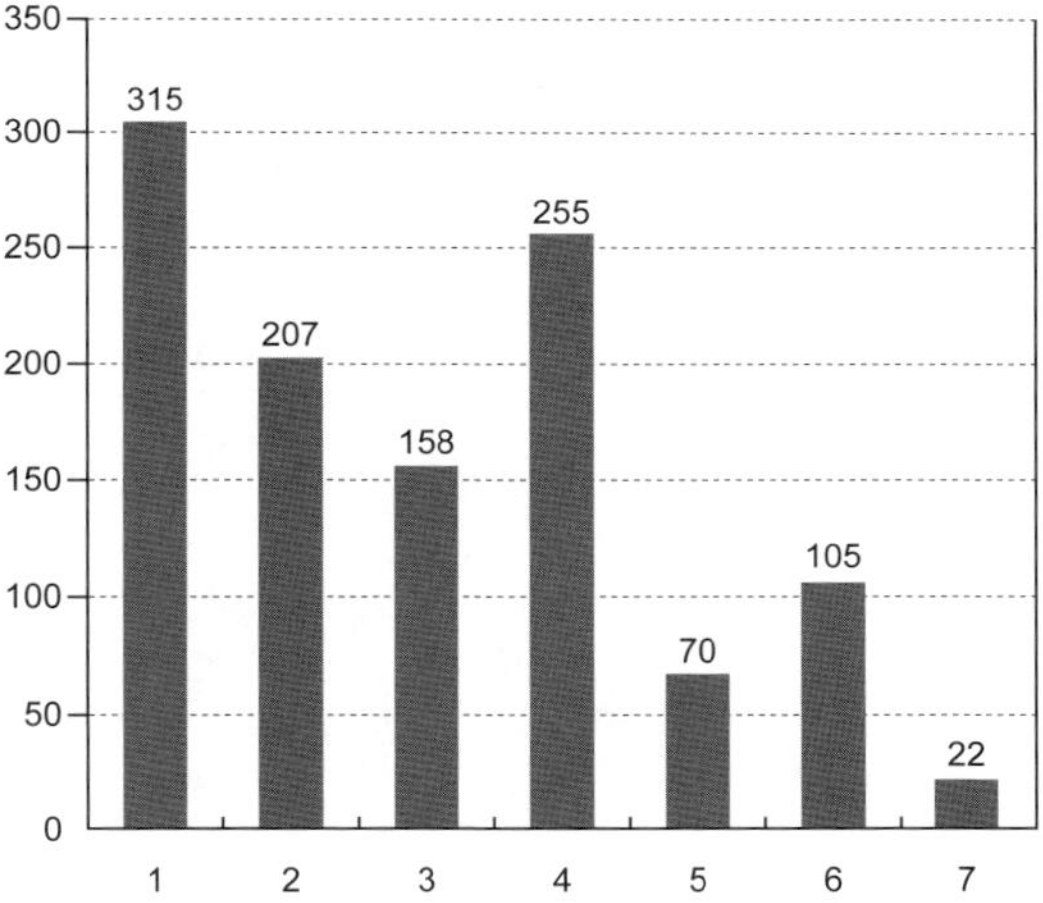

1	防災福祉コミュニティとの連携が強化され、消防団活動が活性化する。
2	火災等の通常の災害活動は主に消防職員が行い、地震や水害等の大規模災害、住民への防火指導及び応急手当の普及については、消防団員が中心となって活動するようになる。
3	女性団員が増加し、平常時のきめ細かい活動（独居老人宅の防火訪問等）が充実していく。
4	消防団員の多くがサラリーマン化し、消防団活動を行うことが難しくなっていく。
5	防災福祉コミュニティの活動が活性化し、消防団への期待感が薄れていく。
6	消防団に頼るのではなく、近所の消防署に頼るようになる。
7	その他

神戸市・新時代の神戸市消防団検討委員会
『新時代の神戸市消防団検討委員会報告書』（平成17年３月）

これらの検討から、次の三点を指摘したいと思います。

第一は、国民の多くは消防団員の置かれている厳しい状況を理解しながらも、地域防災にとっては必要な存在として認識していること。

第二は、消防団の具体的な活動については、非常時はもとより日常生活においても地域社会の安定のための活動が期待されている。そのため、今日的課題である救急救命や一人暮らし老人への対応にも期待が寄せられるようになっていること。

第三は、消防団の将来像としては、「現状維持派」と「衰退派」に二極化されるが、いずれにあっても、地域社会との関わり方の再検討が必要であるという点では共通している。神戸の事例からもうかがえるように、「地域コミュニティ」との関係のあり方がその鍵を握っていること。

終章

1、「岩手・宮城内陸地震」のアンケート調査

消防団員数が一〇〇万人の大台を割り込んだ平成２年以降、団員の減少、高齢化、団員のサラリーマン化がさらに進み、国においても様々な消防施策を講じてきました。それらの検証と新たに生起する問題点を把握するため、「岩手・宮城内陸地震」（平成20年６月14日）の発生からほぼ半年経過した平成21年２月から３月にかけて、宮城県栗原

行者の滝付近を捜索する消防団員
（岩手・宮城内陸地震）

市消防団栗駒支団に所属する全団員（272名）を対象として、アンケート調査を実施しました。

回収数137、回収率は50・4％でした。調査項目（11）のなかから、次の二つをとりあげてみたいと思います。

地震発生時、不参加の理由は「職場への出勤」と「自宅の被災」

地震の発生時において、消防団活動に対する参加状況をみたのが図表-22です。「参加できた」は56・2％と半数を超えました。参加した人のうち、所定のポンプ格納庫やコミュニティセンターといった場所に参集するまでに要した時間をみたのが図表-23です。「10分以内」（10・4％）、「10分〜30分以内」（9・1％）、「30分〜1時間以内」（22・1％）、すなわち1時間以内に参集できたのは41・6％でした。その大部分の人は、地震発生時の居場所としては「自宅」か「自宅の敷地内」でした。一方、「3時間以上」（24・6％）というのも約4分の1を占めました。その多くは、仙台方面に働きに行く途中、地震の状況を

図表-22　2008 年 6 月 14 日の消防団活動の参加状況

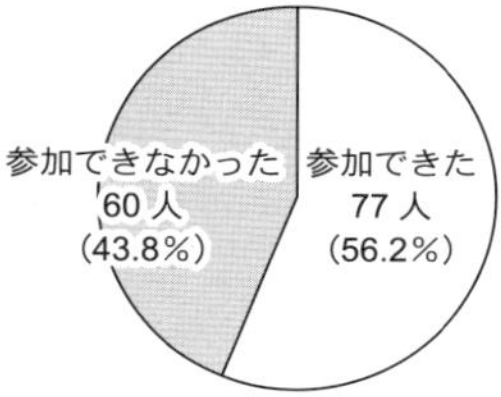

図表-23　所定の場所に参集するまでに要した時間

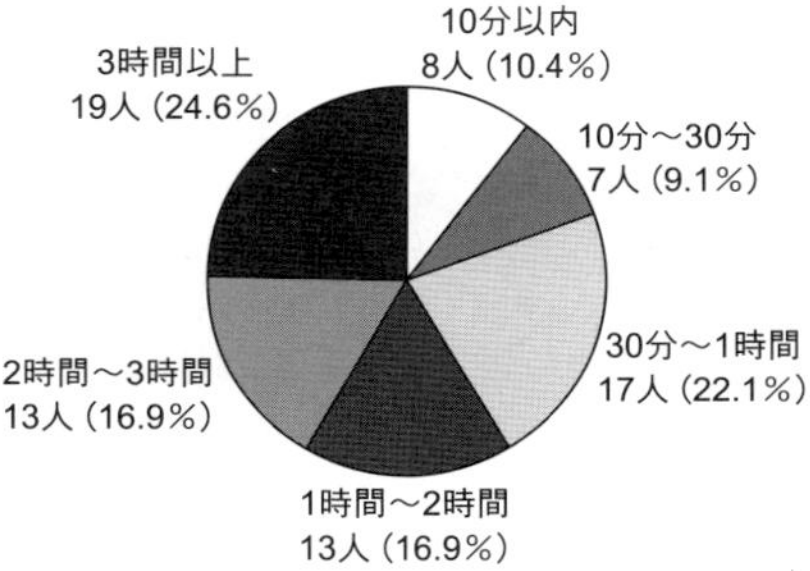

図表-24　参加できなかった理由

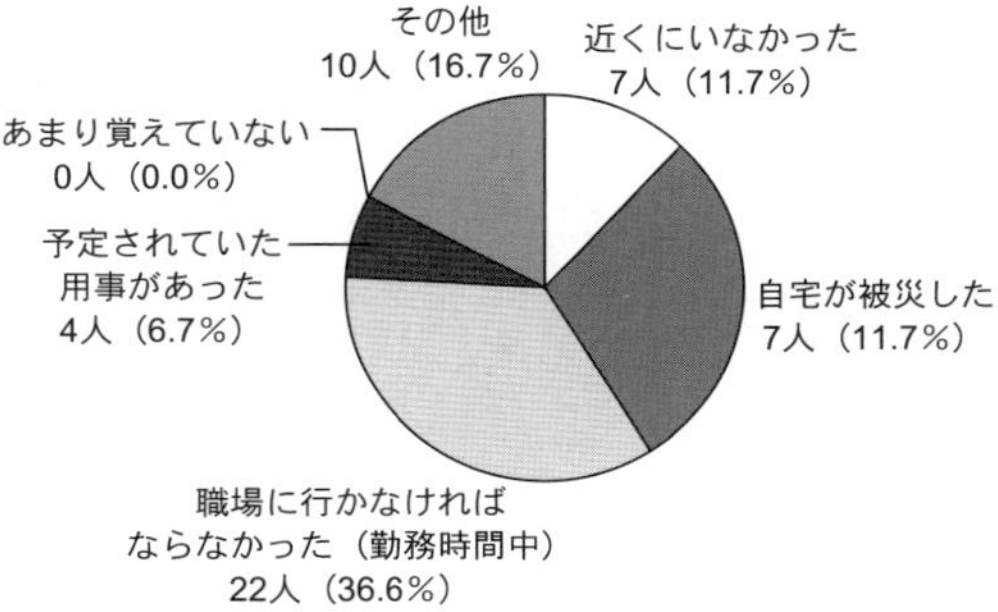

知り引き返したことを理由としてあげています。

「参加できなかった」のは、43・8％。その理由をみたのが、**図表-24**です。「職場に行かなければならなかった（勤務時間中を含む）」（36・6％）が最も多い割合を占めました。当日は土曜日であり、平日より出勤者は少なかったものの、「災害発生という非常時おいて、曜日や時刻に関係なく出勤すること」が事業所から予め指示されている団員も多かったことがうかがえます。「職場」に続くのが、「自宅被災」（28・3％）でした。家屋の倒壊や、家族のなかにけが人が出たり、あるいは高齢者を抱えていることを理由としてあげており、なかでも女性団員に多く見られました。「職場への出勤」と「自宅の被災」を合わせると、全体の64・9％を占めています。

「地域自主防災組織との連携」「災害弱者の事前の情報」「消防団員増加」が課題

近い将来に発生の予測される宮城県沖地震への重要課題（第1位、第2位）として、指摘された事項を示したのが**図表-25**です。

第１位として掲げられた上位三項目は、「自主防災組織との連携のあり方」（23・5％）、「高齢者世帯やひとり暮らし世帯に対する事前の情報把握」（21・8％）、「消防団員の増加」（15・3％）でした。各年代ともほぼ同じ傾向ですが、50代では、「消防団員の増加」というのが他の年代に比較して高く、団員の後継者問題を重要視していることがうかがえます。第１位と第２位に指摘された「自主防災組織との連携のあり方」と「高

図表-25　今後、取り組まなければならない課題

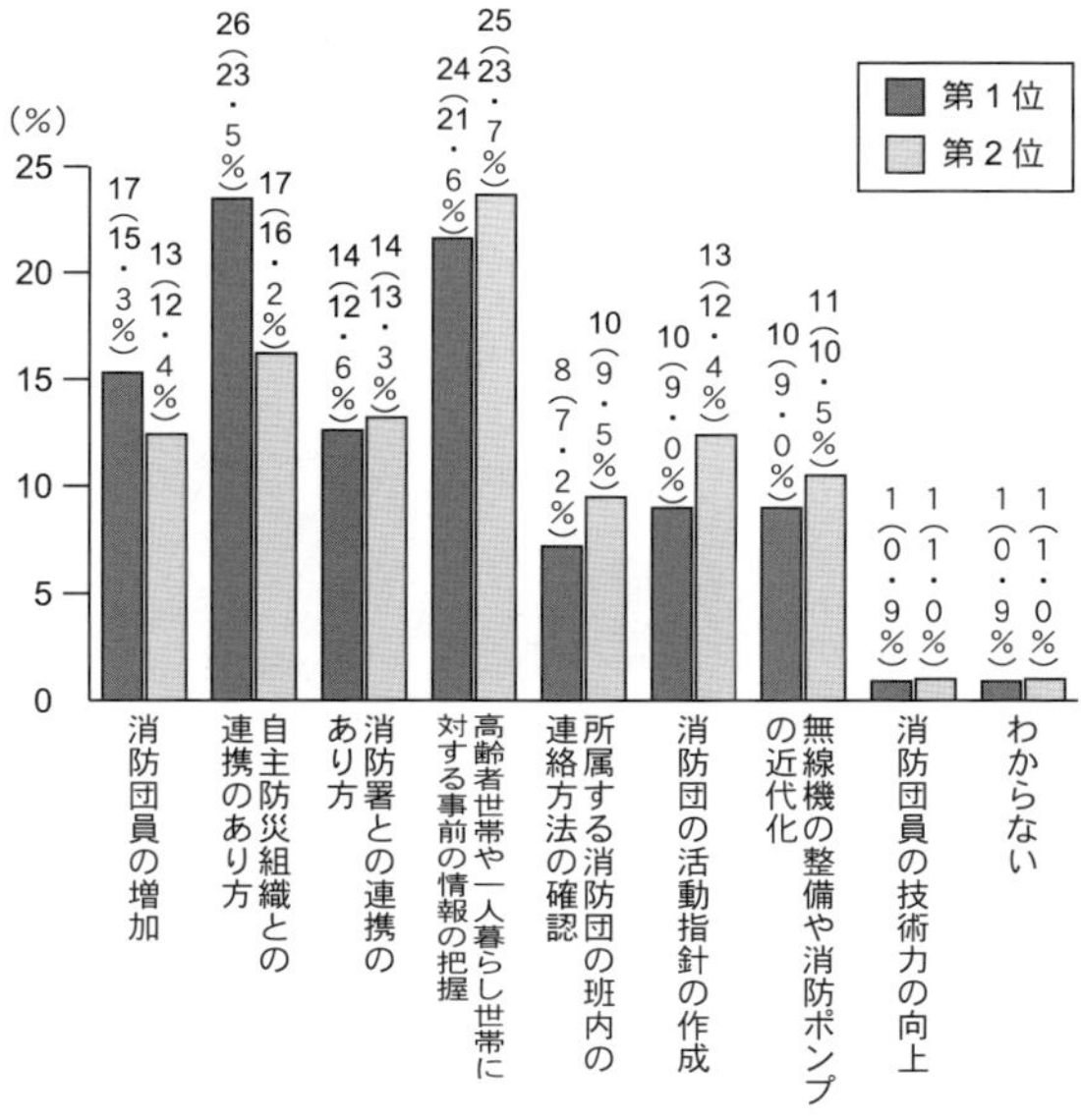

齢者世帯やひとり暮らし世帯に対する事前の情報把握」を合計すると、全体の42・6%を占めます。多くの団員は、地域社会の安全・安心にとっては、「高齢者やひとり暮らし人への配慮」は必要不可欠と認識しており、それらの問題解決には地域住民との緊密な連携の必要性がうかがえます。女性にあっては、「高齢者世帯や一人暮らし世帯の情報」が圧倒的に多くなっています。

大規模災害時における消防団活動のあり方

自由回答項目から大規模災害時における消防団活動のあり方について、多くの人から寄せられた内容を次の三点に要約します。

・地域住民の安否確認はスムーズにいったように思います。しかしながら、老人世帯や一人ぐらしの方々への援助のありかたについては、災害発生時に限らず、日常的な対応についても検討する必要があるように思います。

・災害時には、想定を超える混乱が生じます。そのためにも、常日頃から指揮系統の意思統一を図るためのシミュレーション（想定訓練）を行うべきです。今回は多数の死者や行方不明者の災害現場が山間地であったため、情報がなかなか伝わってこないこともあり、どのような行動をとればいいのか戸惑う場面もありました。

・消防団員の多くはサラリーマンであり、団員個々が勤めている会社と個別的な話し合いには限度があります。企業の協力なしには消防団は有効に機能しないため、災害時の消防団活動について、企業と行政の間で事前に取り決めをすべきではないでしょうか。今回は、職場の被害が比較的軽微であり、しかも通勤の道路も確保されていたことから、「消防団活動のため、休みたい」と言うことにはかなりのためらいを感じました。

これらのアンケート結果から、消防団にとって、地域社会との日常の関わり方、特に高齢者やひとり暮らしの人々の情報把握を重視していることがうかがえます。そのためにも地域自主防災組織との連携のあり方が問われなければなりません。さらに、消防団の根幹に係る団員の確保問題は、消防団の内部問題としてのみではなく、地域社会全体の課題として捕える必要性が浮き彫りとなりました。

2、国民保護法の成立と消防団の対応

平成16年9月16日に施行された「武力攻撃事態等における国民のための措置に関する法律」、いわゆる「国民保護法」において、「市町村長による避難住民の誘導等」に関わる同法第62条の第1項から第6項において、消防団は市町村長の指示に基づいて「避難住民を誘導しなければならない」とされ、しかも「食品の給与、飲料水の供給、医療の提供その他等を講ずるように努める」と規定されています。

災害時の避難誘導や手段は、住民の生死に直結します。国民保護法によって、消防団の持つ重要性はより大きくなりました。国会審議の過程で質問された「この法案における消防団の位置づけ」に関する大臣の以下の答弁が、それをいみじくも物語っています。

国外からの武力攻撃への対応は自衛隊の任務となると思うが、非戦闘員の保護というのが、警察とともに消防団の主たる業務となると考える。人手が足りない状況で、消防団が活躍する部分は非常に多い。見慣れた消防団員に避難誘導してもらうことで、安心して退避できると考えられ、その任務は大きいと考える（『近代消防』平成16年8月1日発行）。

3、消防団活性化のための方策と提案

少年消防クラブの活性化

消防団の高齢化は、若者の入団がなかなか進まないことが大きな要因です。それは、学童期から青年期にかけて、消防団の存在が視界から遠ざかっているという現状に起因する面が大きいと思います。

消防組織法が成立して間もない昭和25年、全国各地に少年消防クラブが組織化されました。年齢的には10歳から15歳までの、いわば小学校中・高学年から中学生で構成されまし

た。多くの若者の入団がままならない今日、学校教育と地域社会の連携を強めることによって、少年消防クラブを活性化させ、消防団の後継者育成に連動させていこうというねらいもあり、少年消防クラブの活性化が注目されるようになりました。平成20年11月、消防庁は、加入対象年齢を18歳まで引き上げることについて全国自治体に検討を依頼しました。平成21年6月には「少年消防クラブ充実方策に関する検討会」を立ち上げ、全国５０９５の少年消防クラブを対象として行われたアンケート調査の結果を踏まえ、剔出された問題点の議論が始まりました。さらに平成21年7月19日から26日までの期間にチェコ共和国のオストラバを中心として行われた「第17回ヨーロッパ青少年消防オリンピック」に、日本から初めて、富丘少年消防クラブ（北海道札幌市）、小岩消防少年団（東京都江戸川区）、土成中学校少年少女消防隊（徳島県阿波市）、山崎少年消防クラブ（長崎県壱岐市）の４少年消防クラブが参加し、立派な成績を残しました。少年消防クラブは、平成21年5月1日現在、５０９５団体、約43万人がクラブ員として活動し、1万４５２８人がその指導に当たり、将来の地域防災を担う人材の育成につながる多様なクラブ活動が展開されています。

消防団活動の保障

消防団加入は個人の自由意思に基づきます。かつては消防団加入を忌避する理由として「内部の規律問題や上下の人間関係」をあげる人が多かったのですが、今日では「仕事との両立は困難」という意見が圧倒的です。

従前のように、消防団活動イコール消火活動という図式であれば、常備消防の拡充によって問題の多くは解決されるでしょう。しかしながら、大災害時において、消防団の即時対応力（救助のゴールデンタイムといわれる72時間以内）は、きわめて有効に機能することは、最近、各地で多発する災害でも実証されています。

消防団員は法制度的には「特別職の地方公務員」です。それは防災活動の「プロ」として期待されていることを意味します。近年、消防団の任務は、住民に対する情報伝達、災害ボランティアに対するコーディネートなどと多様化し、これまで以上に専門的知識が求められています。専門知識修得のためにも、日常的訓練は必要不可欠です。そのためにも、災害発生時の出動をはじめとして、消防団活動に係る様々な研修機会の参加の保障を、国民的なコンセンサスを得ながら推進することが必要です。

消防団協力事業所表示制度

わが国においては、多くの事業所が地域社会の人々を対象として行っている様々な文化活動や福祉活動、いわゆるフィランソロピー（慈善活動）に対して、行政のみならず地域住民からも、高い評価を得てきています。

最近は、事業所の消防団支援活動についても、社会貢献活動のひとつとして、評価する動きが見られます。

被雇用者団員の比率は、年々、上昇傾向にあり、平成21年には70・1%にも達しました。多くの消防団員からは「消防団活動と仕事の両立は厳しい」ということが声高に聞かれるようになりました。消防団員の確保と活動の保障のためには、事業所の協力は不可欠です。

消防庁は、平成17年8月に「消防団と事業所の協力体制に関する検討委員会」を設置しました。その報告書（平成18年3月刊行）において、事業所の消防団活動に対する理解が不十分であることが指摘され、消防団協力事業所表示制度の具体化が推進されることになりました。すなわち消防団活動に理解ある事業所（具体的には、消防団員が２〜３名勤務していること、消防団活動に対して様々な配慮をしていること等）に対して、社会的貢献度が高いことを広く紹介したり、工事の入札等において優遇措置を講じるというものです。平成19年1月から運用が始まりました。その先進的事例のひとつが長野県であります。早くから県を挙げた取り組みが実施され、平成19年4月から法人事業税や個人事業税の優遇措置（税額の２分の1、減税限度額10万円）も始められました。

消防団協力表示事業所制度は、消防庁長官の認定する全国のモデルケースの意味合いをもつ「総理府消防庁消防団協力事業所表示制度」と、市町村の認定する「市町村消防団協力事業所表示制度」の二つがあります。平成21年4月1日現在、前者は全国13事業所、後者は導入した市町村数５６５、認定事業所３４１０にも達しました。認定事業所の最も多いのが長野県７１０、東京都３６８、新潟県３０８であります。事業所も地域社会の一員であり、災害の発生の際には、地域住民とともに行動することはいうまでもありません。

消防団協力事業所表示制度は、事業所は地域社会の構成メンバーであるという事を強くアピールするとともに、勤務する団員にとっても活動のし易さという点では、今日の消防団の置かれている状況を改善する方策として、きわめて有効であると言えるでしょう。

全村避難命令が出された旧山古志村の人々は、新潟県中越地震を「山が動いた」と表現されました。すべての通信手段が遮断されるなか、暗い山道や崖を手探りしながら、数時間かけて災害本部に知らせた消防団員をはじめ地元の方々、さらに、地域をあげて、集落内の一戸一戸をまわり、高齢者の方々を中心とした安否確認もしました。こうした旧山古志村の人々の活動を知ると、消防団と地域社会は一体化してこそ相乗効果が得られることを改めて知らされる思いがします。

岩手・宮城内陸地震の際、孤立状態におかれた栗原市花山浅布地区においては、消防団と地域住民の一体化した行動は、厳しい状況下に置かれた地域住民を勇気づけ、そして避難誘導活動を円滑にしたことは記憶に新しいところです。

「消防団はいかなる性格の組織か」と問われたとき、

【「自助」「共助」「公助」の三極面のいずれとも重なり合う、世界に類を見ない日本特有の防災組織である】

と私は答えたいと思います。

あとがき

『国民の財産！消防団』（近代消防社）を刊行してから、３年が経過しました。この間、国の内外で巨大地震が頻発しました。また平成の合併により、消防団数は大幅減少、消防団員数も下げ止まらない状況が続いています。

平成20年6月14日、「岩手・宮城内陸地震」が発生しました。私の住んでいる所から震度6強を記録した栗原市まで、距離にしておよそ30キロです。地震の発生の時、私は家の中で、強い揺れを感じたものの、山間地域のあのような惨状については思いもよりませんでした。現地に何度か足を運び、消防団員の方々を中心にお話をうかがうなかで、自治体消防が発足してから60年間という時間の経過は、消防団と地域住民の乖離を拡大し、消防団の今日的危機をもたらす要因のひとつになったのではないかとさえ考えるようになりました。

私自身に「何が出来るのか」、「なにをやらなければならないのか」ということが、頭の中を何度も駆け巡りました。消防団組織の研究を長年続けてきた私にとって、消防団活動の実態とその必要性を多くの方々に知らせることこそが、重要であると考えるようになりました。その手始めとして、「岩手・宮城内陸地震」を体験し、多くの被災者の救助・救援活動に当たった栗原市消防団員の方々を対象に、消防団活動に係る様々な問題について、「本音」を聞きたいという事もあり、アンケート調査を実施しました。言い訳になりますが、小生一人で取り組むためには多くの制約もあり、栗原市消防団栗駒支団（272名）のみを対象として実施することにしました。この調査の結果については今回の著書でも一部触れてはいますが、特に自由回答の項目には、小生がこれまで看過してきた多くの問題点が、書き綴られていました。

平成22年2月28日には、「チリ大地震津波」が発生し、太平洋側各地は厳戒態勢に入りました。岩手県から宮城県の太平洋側では、ちょうど50年前にも「チリ巨大地震津波」に遭遇しており、避難・誘導、水門・陸門の閉鎖といった地域住民の安全・安心に直結する対応を通じて、消防団員の存在意味が改めて問われることにもなりました。

この『改訂版』を書きながら、消防団組織の研究について新たな問題意識も鮮明になりつつあります。より一層、前進することを心に誓っています。

最後になりましたが、小生の悩みにいつも適切なアドバイスをしてくれる仙台市消防局の京英次郎さん。また消防団活動に常に真摯に向き合い直面する課題を熱っぽく語りかけ

チリ大地震津波に備え、水門の閉鎖をする消防団員
（平成22年2月28日／南三陸新聞提供）

る鈴木博行さん（大崎市消防団鹿島台支団　本部分団副分団長）をはじめ、調査に快く協力していただいた全国各地の関係者の方々、そして出版をお勧めいただいた近代消防社社長三井栄志氏に厚く御礼申し上げます。

平成22年3月

（東北地方でも里山の水仙のつぼみが大きく膨らみ始めました。）

後藤一蔵

・仙台市消防局　東北工業大学工学部佐賀研究室編『宮城県沖地震　市民の対応と教訓』全国加除法令出版　1980年6月20日
・泉市『1978年宮城県沖地震の記録と教訓』1979年4月
・宮城県『78宮城県沖地震災害の実態』1979年6月
・仙台市消防局『仙台市消防概況　平成13年版～17年版』
・源栄正人監修『宮城県沖地震の再来に備えよ』河北新報出版センター　2004年7月6日
・新潟日報社編『復興へ「中越地震」』2006年1月23日
・新潟日報社『新潟県中越地震』2004年11月25日
・(財)日本消防協会『未来を拓く　女性消防団員ハンドブック』2004年3月
・(財)日本消防協会　女性消防団員活動調査研究委員会『女性消防団員活動調査報告書』1996年3月
・(財)消防科学総合センター『自主防災組織の活性化方策に関する調査研究報告書』1995年3月
・(財)日本消防協会『消防団員のための実践的な消防活動マニュアル　震災編』2003年3月
・(財)日本消防協会『消防団員のための実践的な消防活動マニュアル　風水害編』2004年3月
・吉原直樹編『防災の社会学』東信堂　2008年12月30日

参考文献

・鈴木淳『関東大震災』ちくま新書　2004年12月10日
・森田武『震災の教訓を生かそう』近代消防社　2005年2月8日
・志津川町『伝えていこう私たちの明日のために』　1990年5月24日
・『災害危機管理と防災対策―ノースリッジ地震1年間の軌跡―』近代消防社　1996年11月30日
・東京大学出版会『東京大学公開講座　防災』　1996年9月
・魚谷増男『消防の歴史四百年』全国加除法令出版　1965年10月
・日本消防協会『日本消防百年史　第一巻～第三巻』1982年～1984年
・後藤一蔵『消防団の源流をたどる』近代消防社　2001年1月6日
・兵庫県『阪神・淡路大震災復興誌』（第1巻～第6巻）1997年3月～
・消防庁　阪神・淡路大震災に係る地震防災対策委員会『阪神・淡路大震災に係る地震防災対策検討委員会報告書』　2001年3月
・柳田邦男編『阪神・淡路大震災10年』岩波書店　2004年12月21日
・朝日新聞社「論壇」編『激論・提言　阪神大震災』　1995年5月30日
・岩波書店『世界・NO736』2005年2月1日
・朝日新聞社『論座・2005　2月号』　2005年2月1日
・総務庁行政監察局編『震災対策の充実のために』　1998年4月6日

索 引

後　藤　一　蔵（ごとう　いちぞう）
1945 年　宮城県小牛田町生まれ
東北大学教育学部（教育社会学専攻）卒業
東北福祉大学兼任講師
消防団員確保アドバイザー

主な著書・論文
『消防団の源流をたどる』（近代消防社 2001 年）
『国民の財産！消防団』（近代消防社 2006 年）
『防災の社会学』（共著 東信堂 2008 年）
「明治・大正期における消防組織の展開過程」
（『村落社会研究・28』1992 年 村落社会研究会）
「地主制の展開過程における消防組織と村落」
（『村落社会研究・創刊号』1994 年 日本村落研究学会）
「若者契約における消防機能の展開過程」
（『村落社会研究・8』1998 年 日本村落研究学会）
「混住化現象に伴う村落の変容と区費賦課基準の変遷過程」（『社会学評論・167』1991 年 日本社会学会）

KSS 近代消防新書

002

改訂 国民の財産　消防団
— 世界に類を見ない地域防災組織 —

著　者　後藤一蔵（ごとういちぞう）

2010 年 6 月 10 日　発行

発行所　近代消防社
発行者　三 井 栄 志

〒105-0001　東京都港区虎ノ門2丁目9番16号
（日本消防会館内）
読者係（03）3593-1401㈹
http://www.ff-inc.co.jp

ISBN978-4-421-00793-0 C1291
価格はカバーに表示してあります。